U0628744

历史的丰碑

历)史)的)丰 碑 丛)书

德国古典哲学的创始人
康　德

孙利天　编著

吉林人民出版社

图书在版编目（CIP）数据

德国古典哲学的创始人——康德 / 孙利天编著 . --
长春 : 吉林人民出版社 , 2011.4（2025.4 重印）
（历史的丰碑丛书）
ISBN 978-7-206-07607-7

Ⅰ . ①德… Ⅱ . ①孙… Ⅲ . ①康德，I.（1724 ～
1804）–生平事迹–青年读物②康德，
I.（1724 ～ 1804）–生平事迹–少年读物 Ⅳ .
① B516.31-49

中国版本图书馆 CIP 数据核字 (2011) 第 038188 号

德国古典哲学的创始人　康德

DEGUO GUDIAN ZHEXUE DE CHUANGSHIREN　KANGDE

编　　著:孙利天
责任编辑:刘　学　　　　封面设计:孙浩瀚
制　　作:吉林人民出版社图文设计印务中心
吉林人民出版社出版 发行(长春市人民大街7548号　邮政编码:130022)
印　刷:北京一鑫印务有限责任公司
开　本:787mm×1092mm　　1/16
印　张:8　　　　　　字　数:72千字
标准书号:ISBN 978-7-206-07607-7
版　次:2011年4月第1版　　印　次:2025年4月第3次印刷
定　价:35.00 元

如发现印装质量问题,影响阅读,请与出版社联系调换。

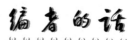

编者的话

"欲知大道，必先为史"。

回溯人类的足迹，人们首先看到的总是那些在其各自背景和时点上标志着社会高度和进步里程的伟大人物。他们是历史的丰碑，是后世之鉴。

黑格尔说："无疑，一个时代的杰出个人是特性，一般说来，就反映了这个时代的总的精神。"普希金说："跟随伟大人物的思想是一门引人入胜的科学。"

以史为鉴，面向未来。作为21世纪的继往开来者，我们觉得，在知史基础上具有宽广的知识结构、开阔的胸襟和敏锐的洞察力应是首要的素质要求，而在历史的大背景中追寻丰碑人物的思想、风范和足迹，应是知史的捷径。

考虑到现代人时间的宝贵，我们期盼以尽量精短的篇幅容纳尽量丰富的信息，展现尽量宏大的历史画卷和历史规律。为此，我们编撰了这套丛书。

编撰丛书的过程，也是纵览历代风云、伴随伟人心路、吸收历史营养的过程。沉心于书页，我们随处感受着各历史时期伟大人物所体现的推动历史进步的人类征服力量。我们随着伟人命运及事业的坎坷与辉煌而悲喜，为他们思想的深邃精湛、行为的大气脱俗而会意感慨、拍案叫绝。

然而，在思想开始远游和精神获得享受的同时，我们也随之感受到历史脚步的沉重

和历史过程的曲折。社会每前进一步都是艰难的，都伴随着巨大的痛苦和付出。历史的伟大在于它最终走向进步，最终在血污中诞生了鲜活的"婴孩"。

历史有继承性和局限性，不能凭空创造。伟人也有血肉，他们的思想、行为因此注定了同样具有历史的局限性和阶级的、时代的烙印；他们的功业建立于千千万万广大人民群众伟大创造的基础上。历史是人民群众创造的，伟大的人物们是历史和时代造就的。同时，我们也无法否定此间他们个人的努力。这也正是我们编撰这套丛书的目的。

我们期盼着这套丛书得到社会的认同，对读者，特别是青少年读者之历史感、成就感和使命感的培养有所裨益。史海浩瀚，群星璀璨。我们以对广大青少年读者负责的精神，精心遴选，以助力青少年成长进步，集结出版了《历史的丰碑》系列丛书，敬请读者批评、指正。

历史的丰碑丛书

编 委 会

策　划：　胡维革　　吴铁光

　　　　　林　巍　　冯子龙

主　编：　胡维革　　邢万生

副主编：　贾淑文　　谷艳秋

编　委：　（按姓氏笔画为序）

　　　　　于二辉　　刘士琳

　　　　　刘文辉　　孙建军

　　　　　李艳萍　　吴兰萍

　　　　　杨九屹　　隋　军

1981年我国哲学界在北京举行了纪念康德《纯粹理性批判》出版200周年、黑格尔逝世150周年学术讨论会。为什么要纪念这位生活在200年前的哥尼斯堡的哲学家？我国已故著名哲学家贺麟先生在开幕式上的讲话说出了其中原委，我们摘引几句，作为本书引言：

　　我们纪念康德，因为他写了不朽的著作"三大批判"，特别是他的《纯粹理性批判》。康德曾庄严地宣称："我们的时代是一个批判的时代"，一切事物无论宗教、法律甚至形而上学都必须受到理性的批判。并说："严厉的批判乃是诚实思想的表征"。

　　我们纪念康德，因为他坚持人的尊严。人是生活在目的王国中的，人是自身的目的，不是工具。

目　录

历史的丰碑丛书

自己造就自己的伟人

> 要使财物受你的支配，而不要使你受财物的支配。
>
> ——康德大学时代

中外历史上都有许多杰出人物给人类文明以深远的影响，他们或者以不朽的著作给后人以思想的光芒，照亮世界和人生的晦暗；或者以惊天地、泣鬼神的道德实践，给后人留下垂范千古的道德楷模，导引人们走向至善的理想境界；或者以旋转乾坤的丰功伟绩，改变了人类历史的进程。这就是中国古人所向往的立言、立德、立功的"三不朽"。在这些不朽的杰出人物中，也许德国古典哲学家康德是最值得人们尊敬的人物之一，因为在任何意义上都可以说，康德造就了他自己。

1724 年 4 月 25 日清晨 5 时，康德诞生于哥尼斯堡一个马鞍匠的家庭。当时的德意志民族还处在四分五裂的状态，按旧普鲁士历法，4 月 22 日这一天是圣伊曼努尔节，所以给康德取了这个圣经中的名字：伊曼努尔，有"上帝保佑我们"的意思。

康德的父亲约翰·乔治是个马鞍匠，母亲安娜·列根娜是皮匠的女儿，娘家在纽伦堡。安娜·列根娜一共生了9个孩子，康德排行第四。这9个孩子有5个活下来，康德有一个姐姐、两个妹妹和一个弟弟——约翰·亨利希。

康德体质单薄。当时由于两个孩子已经不幸夭折，安娜·列根娜也曾担心这个孩子能否活下来，而未来的哲学家却足足活了80岁。成年后的康德用一套有如钟表一样精确的生活节律，创造了自己的健康和长寿。康德给自己以生命，生命给康德以震撼世界的伟大思想（哲学家黑格尔在《哲学史讲演录》中不止一次地称赞康德的"伟大思想"）。

为了儿子的健康成长，安娜·列根娜竭尽一切可能，要使儿子在体力和道德上都得到健康发展，想方设法唤

起他的求知欲和想象力。在康德13岁的时候母亲便辞世了，而良好的幼年和童年教育不仅使哲学家活了下来，肯定也大大启发了这个孩子的心智，为他一生紧张激越的精神生活埋下了智慧的种子。康德在晚年时曾说过："我永远不会忘记我的母亲。她在我身上培植了最初的优良品质，用她得自大自然的观念启发了我的心灵，唤醒并扩大了我的智力，她的教诲对我一生都有极大影响。"康德所说的"得自大自然的观念"究竟是什么我们很难揣测，但康德后来生活中显示出健康的常识和生活的智慧，这个终生未娶的单身汉在自己的教育学论著中竟然提出许多在今天看来仍是科学的育婴方法。康德宏伟的哲学体系和彻底的批判精神是真正充满阳刚之气的男子汉哲学，康德著作中敏锐的感悟、细腻的分析、精巧的调和也显示出女性心灵的优长。哲学家对母亲的怀念和颂扬肯定不仅是一己私情，"用得自大自然的观念"教育我们的后代

在今天不是更加重要和紧迫吗？

　　康德在城边小手工业者和商人中间长大，他所处的环境是勤劳、忠诚和清教徒般严格的生活方式。康德一家充满了虔诚派的精神。虔诚派是经过改造的新教的一个特殊的德国变种，这个运动是 17 世纪末作为反对精神停滞和路德教派的退化堕落而出现的。虔诚主义者取消了烦琐的宗教仪式，转移了宗教的重心，注重内在信仰，注重对圣经经文的理解和个人行为。虔诚派后来产生出新的宗教狂热和禁欲主义，但是它当时曾起过振奋精神的作用。康德坚持认为："人们对虔诚派可以说东道西，但虔诚派的信徒却是一些严肃而又超群出众的人。他们具有高尚的人类情操——稳重、乐天和任何欲念都破坏不了的内心宁静。他们既

不怕困境也不怕压迫。任何纠纷都不能产生仇恨和敌对情绪。"在这种宁静和严肃的精神氛围中，培养了哲学家最初的道德直觉，有人认为康德一生全部的道德哲学都是对他童年时期的道德信念的理论论证。

弗兰茨·阿尔贝特·舒尔茨牧师常去属于他那个教区的教民康德家中拜访。按他的建议，8岁的康德被送进腓特烈学校学习。康德在这里学习了8年。他在拉丁文班上课，学习的主要科目有拉丁文（每周有20学时）和神学（背诵教义问答）。康德产生了对罗马诗歌的感情，而对宗教崇拜的外表仪式则很反感。腓特烈

哥尼斯堡曾是德国文化中心之一，伊曼努尔·康德曾在此居住过。第二次世界大战期间，哥尼斯堡在1944年遭受盟军轰炸而损失惨重。1945年哥尼斯堡战役后，苏联红军占领城市。战后，根据《波茨坦协定》，哥尼斯堡成为苏联领地。1946年，为纪念刚逝世的苏联共产党和苏维埃国家领导人米哈伊尔·加里宁，哥尼斯堡更名为加里宁格勒。

学校那种教堂般的校规打消了他当牧师的念头。这所学校根本没有假日一说，课程虽然从早晨7点钟才开始，但是在6点钟以前学生就得守候在集合地点。早祷要进行半个小

← 加里宁格勒神圣教堂

时，每堂课还要从祈祷开始。下午4点课程结束。每星期四和星期六要上数学、音乐、法语和波兰语。希腊文和古犹太文是必修课（包括在神学课中）。不设自然科学和历史课。体质孱弱虽说妨碍康德的学习，但是他的聪明才智，极强的记忆力和勤奋足以弥补这一弱点。除了毕业考试名列第二以外，每年考试他都名列第一。

1740年秋，16岁的康德考进了哥尼斯堡大学。中学时期对罗马诗歌和语言学的爱好，如今已被对物理和哲学的强烈兴趣所代替。他的这种新爱好应归功于马丁·克努真教授。克努真是一位早熟的哲学才子，

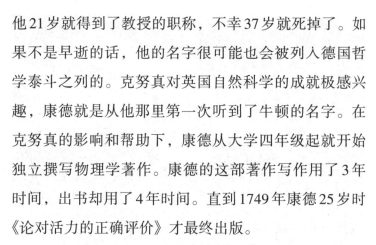

他21岁就得到了教授的职称，不幸37岁就死掉了。如果不是早逝的话，他的名字很可能也会被列入德国哲学泰斗之列的。克努真对英国自然科学的成就极感兴趣，康德就是从他那里第一次听到了牛顿的名字。在克努真的影响和帮助下，康德从大学四年级起就开始独立撰写物理学著作。康德的这部著作写作用了3年时间，出书却用了4年时间。直到1749年康德25岁时《论对活力的正确评价》才最终出版。

大学生康德的生活十分困窘。他考进大学之后就不再住在家里，这时他的母亲已经去世，父亲勉强度日。康德经常中断学业，他不得不靠有钱同学的资助，

→哥尼斯堡

遇到困难时只好领受他们在物质上的接济。据说，他常用一些格言来激励自己："要使财物受你的支配，而不要使你受财物的支配。""不要绕着困难走，而要迎着困难行。"舒尔茨牧师有时周济他，而经

← 加里宁格勒北站

常资助他的则是从事皮匠手艺的娘舅。有人说康德第一部著作的出版，大部分开销全靠他的叔叔里赫特资助。感谢这些好心的人们，他们资助了人类历史上最伟大的一位哲学家。假如康德不能完成他的学业，哲学史就不会是今天这个样子。欧洲从文艺复兴以来已经形成对学术和文化的敬重和尊崇，在此风气之中幸运者绝非康德一人，德国古典哲学中即将出场的康德的学生费希特也是靠一位贵族资助完成学业的。

康德在大学学习了将近7年。1747年他没答辩硕士学位论文就离开了他的故乡。这是康德一生中离开故乡哥尼斯堡唯一的一段时期。他走的并不远，先是在靠近古姆比年的犹德申村给人家当家庭教师，在这里教安德施牧师的3个儿子。1750年康德在奥斯德罗德附近的一个大地主家里教3个男孩——休里增少校的儿子。其中最小的一个叫乔治·弗里德里希，他长久地保留着对自己第一位老师的美好印象。这是否由于受了康德的影响？这位未来的一家之主成年后解放了自己家的农奴。康德在自己学生的心灵里播下了健全理智和高尚情操的种子看来是无可怀疑的。康德第三次当家庭教师是在凯瑟林伯爵家里，今天我们看到的康德最早的一张画像就是出自凯瑟林伯爵夫人之手。这位年轻貌美的女人爱好哲学，有一种流言说她的这种爱好也传给了在他家当教师的哲学家，而且似乎他们之间还产生了爱情。

康德在普鲁士的穷乡僻壤不仅取得了教学经验，他还取得了丰富的生活阅历。未来的哲学家已摆脱了财物匮乏的困扰，开始扼住命运的咽喉，少年时期的

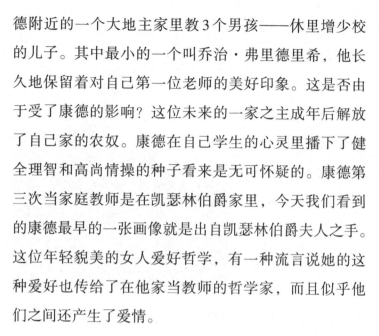

德国东普鲁士时期哥尼斯堡区域旗帜

远大理想正在逐步变成现实。德国古典哲学家似乎都要经历一段家庭教师的生活才能成熟，康德之后的费希特、黑格尔都有过相同的经历，此外还有因为海德格尔研读他的诗而在

← 普鲁士国王腓特烈一世

200年后仍名声显赫的荷尔德林，他确实和女主人有过浪漫的恋情。康德至多可能体会到些许爱情的温馨，但肯定没有沉迷在爱河中。他利用充裕的时间读书写作，为他后来的学术活动打下了基础。康德回到哥尼斯堡的时候不仅有了一点经济上的积蓄，而且携带着有关天文学的大量手稿，其最初的名称为：《宇宙论或根据牛顿理论试论宇宙的结构、星体的构成和它们按物质运动一般规律运动的原因》。这部书于1755年春匿名发表，中译本题为《宇宙发展史概论》（上海人民出版社1972年出版）。由于恩格斯对此书的高度评价，中国知识界200多年后有了该书的中译本，这是康德绝对想不到的。他同样想不到的是，几乎在这同时康

德在中国也被作为先验主义、天才论的代表人物而遭口诛笔伐。中国哲学界大多数人至今对康德哲学的印象仍是"文革"时期的观念，即青年时期的康德是唯物的辩证的哲学家，以后的康德则是唯心主义、不可知论者，这些说法可能都不错，但是这些或褒或贬的头衔都不能说明什么，至多只能说明我们自己时代哲学的偏狭和迷误。

萨克·牛顿（Isaac Newton）是英国伟大的数学家、物理学家、天文学家和自然哲学家，其研究领域包括了物理学、数学、天文学、神学、自然哲学和炼金术。牛顿的主要贡献有发明了微积分，发现了万有引力定律和经典力学，设计并实际制造了第一架反射式望远镜等等，被誉为人类历史上最伟大、最有影响力的科学家。为了纪念牛顿在经典力学方面的杰出成就，"牛顿"后来成为衡量力的大小的物理单位。

《宇宙发展史概论》中的许多地方从科学的观点看都已过时了，天文学日益成为精确的经验科学。现代科学既不能赞同关于太阳系是由冰冷而分散的物质微粒组成的基本假设，也不能认可康德企图论证的一系列其他原理。但是，主要的哲学思想即历史主义、发展思想却是无可非议的。发展、进步的观念是启蒙运动的主要成果之一，康德对宇宙形成、发展的历史主义理解，为辩证的宇宙观铺平了道路，从而才有恩格斯后来的自然辩证法。恩格斯称康德的宇宙观"在僵化的形而上学自然观上打开了第一个缺口"，"标志着一切继续进步的起点"。发展性、连续性、根源性这些历史主义的观念也成为19世纪的中心话题，一直到20世纪六七十年代之后，一些被称为后现代主义的哲学家们才对此产生了疑问。

1775年6月12日康德被授予硕士学位，在隆重的授予学位典礼上康德用拉丁文作了讲演，他向为他打开了通往科学大门的学术界表示感谢。同年9月康德通过为取得讲师资格的论文答辩，被授予讲师职称，从此开始了延续40余年的

← 恩格斯

教师生涯。

康德实现了他做一个大学教师的理想，这时他已31岁。虽然他已有两部著作和两篇论文发表，但还没有形成太大的影响，康德精神生活中最重大的事件还在潜伏酝酿。对物理学的兴趣仍占主要位置，但哲学兴趣也在悄然增长，他的第一部纯哲学作品是他的学位考试论文《对形而上学认识论基本原理的新解释》。康德在该文中把事物存在的基础和对事物认识的基础区别开来，把现实基础和逻辑基础区分开来。这还不能算是重大的哲学突破，而这里的区别和分析对后来康德哲学的创立是很有意义的。康德在这时也并未完全摆脱财物的困扰，当时的讲师是

→上海人民出版社出版的《宇宙发展史概论》

编制以外的教师，其薪俸由学生方面负担。康德在任教的第一个冬季学期，讲授了逻辑学、形而上学、自然科学和数学。后来又加上自然地理、伦理学和力学。他每周的课时最少有16小时，最多则高达28小时。下面是他一天的课程表：从8点到9点是逻辑学，9点到10点是力学，10点到11点是理论物理学。午饭后，从2点到3点是自然地理，3点到4点是数学。康德抱怨说："我每天都束缚在讲台上，而从一节课到另一节课，我简直是在受折磨。"他在18世纪50年代后期几乎什么东西也没有写，讲课占去了他全部的时间和精力。如此繁重的教学任务使他并不富裕的生活总算有了保障，康德还没有供养一个家庭的财力，所以他一直没有结婚，但他不是什么独身主义者，当他有供养家庭能力的时候已垂垂老矣。但讲师康德已经有能力负担一个仆人的工资了。他雇用了一个名叫马尔丁·兰培的退伍军人。兰培陪伴康德度过了他的大半生。

康德这时可能也仍受到健康不佳的困扰，除了从幼儿时他就体质羸弱之外，一种精神性的疾病（康德称之为多疑症）也随着年龄的增长威胁着他。这位哲学家曾在他的一篇作品中描写过这种疾病的症状，"由于这种抑郁症而产生一种幻觉，似乎他浑

《宇宙发展史概论》→上海人民出版社出版的

身是病。凡是他听说过的疾病无一不有。因此他非常乐于谈论自己的病情，贪婪地阅读各种医书，而且处处都能找到与自己病情相似的症状"。康德所描述的这种病当今医学可能叫作身心症，患者十分痛苦且不易治疗。

康德毕竟是康德，教学繁忙、生活不富裕、体弱多病等等生活的困难不能阻止一个伟大思想家的成长。他放弃结婚，为自己制定了一个严格的作息制度，他执行这套制度一丝不苟，以至邻居们可用康德出来散步的时间对准钟表。他以坚强的意志向着宏伟的目标前进。康德即将从教条主义的迷梦中醒来，西方哲学史上一场伟大的革命即将到来。

相关链接
XIANGGUAN LIANJIE

康德和拉普拉斯星云说

康德于1755年、拉普拉斯于1796年各自提出关于太阳系起源的星云学说。这是最早的科学的天体演化学说。这两种星云说的基本论点相近，认为太阳系内一切天体都有形成的历史，都是由同一个原始星云按照客观规律——万有引力定律逐步演变而成的。

康德认为，这团原始星云是由大小不等的固体微粒组成的，"天体在吸引最强的地方开始形成"，万有引力使得微粒相互接近，大微粒把小微粒吸引过去凝成较大的团块，而且团块越来越大，引力最强的中心部分吸引的物质最多，先形成太阳。外面的微粒在太阳吸引下向中心体下落时与其他微粒碰撞而改变方向，变成绕太阳的圆周运动，这些绕太阳运动的微粒又逐渐形成几个引力中心，这些引力中心最后凝聚成朝同一方向转动的行星。卫星形成的过程与行星类似。彗星则是在原始星云的外围形成，

太阳对它们的引力较弱，所以彗星轨道的倾角多种多样。行星的自转是由于落在行星上的质点的撞击而产生的。康德还用行星区范围的大小来解释行星的质量分布（当时人们仅知水星、金星、地球、火星、木星、土星六颗大行星、十颗卫星和三十来颗彗星）。

拉普拉斯认为，形成太阳系的云是一团巨大的、灼热的、转动着的气体，大致呈球状。由于冷却，星云逐渐收缩。因为角动量守恒，收缩使转动速度加快，在中心引力和离心力的共同作用下，星云逐渐变为扁平的盘状。在星云收缩中，每当离心力与引力相等时，就有部

拉普拉斯星云说（按自上而下的顺序演化）

分物质留下来，演化为一个绕中心转动的环，以后又陆续形成好几个环。这样，星云的中心部分凝聚成太阳，各个环则凝聚成各

个行星。较大的行星在凝聚过程中同样能分出一些气体物质环来形成卫星系统。

康德星云说否定了牛顿的神秘的"第一推动力"，第一次提出了自然界是不断发展的辩证观点，因而在形而上学的僵化的自然观上打开了第一个缺口，这是从哥白尼以来天文学取得的最大进步。康德的学说侧重于哲理，而拉普拉斯则从数学和力学上进行论述。拉普拉斯的科学论述加上他在学术界的威望，使星云说在十九世纪被人们普遍接受。由于科学发展水平的限制，这两种星云学说也有不少缺点和错误，曾一度被人们摒弃。但是，目前不少天文学家认为，星云说的基本思想还是正确的。

德国近代西方哲学史上划时代的哲学家康德

　　伊曼努尔·康德（Immanuel Kant）1724年出生于哥尼斯堡。康德深居简出，终身未娶，一辈子过着单调刻板的学者生活，直到1804年去世为止，几乎从未踏出过出生地半步。

　　康德生活中的每一项活动，如起床、喝咖啡、写作、讲学、进餐、散步，时间几乎从未有过变化，就像机器那么准确。每天下午3点半，工作了两天的康德先生便会踱出家门，开始他那著名的散步，邻居们纷纷以此来校对时间，而教堂的钟声也同时响起。唯一的一次例外是，当他读到法国浪漫主义作家卢梭的名著《爱弥儿》时，深为所动，为了能一口气看完它，不得不放弃每天例行的散步。这使得他的邻居们竟一时搞不清是否该以教堂的钟声来对自己的表。

　　和许多伟大的德国学者一样，康德家境也很贫寒，以至在金钱观念方面给后人留下笑料。据说这位大学者经常声称，他最大的优点是不欠任何人一文钱。他曾说："当任何人敲我的门时，我可以永远怀着平静愉快的心情说：'请进。'因为我肯定，门外站着的不是我的债主。"

康德思想的发展，以1770年他提出教授就职论文为界，分为"前批判时期"和"批判时期"。在"前批判时期"，他埋头于自然科学研究，提出了"关于潮汐延缓地球自转的假说"和"关于天体起源的星云假说"。这两大假说从物质自身的运动和发展来解释自然现象，摒弃了神学创世说和自然界永恒不变的观点，因此恩格斯说："康德在这个完全适合于形而上学思维方式的观念上打开了第一个缺口，而且用的是很科学的方法。"

在"批判时期"，康德对他以前的以莱布尼茨为代表的唯理论及以休谟为代表的怀疑主义进行了批判。1781年，康德发表了《纯粹理性批判》这部哲学名著。恰如康德枯燥乏味的生活一样，这本洋洋数十万言的大作非常晦涩难懂。一个读者对康德抱怨说："读你的书十个指头都不够用，因为你写的句子太长了，我用一个手指按住一个从句，十个指头用完了，一句话还没有读完！"但是艰深的语句掩不住思想的光辉，康德哲学真的

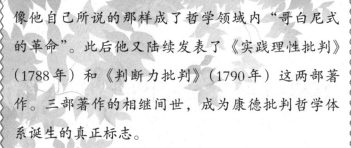

像他自己所说的那样成了哲学领域内"哥白尼式的革命"。此后他又陆续发表了《实践理性批判》（1788年）和《判断力批判》（1790年）这两部著作。三部著作的相继问世，成为康德批判哲学体系诞生的真正标志。

由于推翻了当时流行于欧洲的形而上学体系，开拓了从主客体关系去探讨哲学根本问题的新方向，提出了以"二律背反"为核心的消极辩证法，康德的哲学具有划时代的意义。有人把它比作蓄水池，前人的思想汇集于此，后人的思想则从中流出来；也有人将他的哲学比作一座桥，想入哲学之门就得通过康德之桥。

阿尔森·古留加著《康德传》

教条主义的迷梦中醒来

真理是时代的女儿，而不是权威的女儿。

——康德

1762 年对康德来说是转折性的一年。人们认为，阅读让·雅克·卢梭的作品，对康德进行新探索起了极其重要的作用。这年夏末，康德得到了《爱弥儿》这部小说。这本书强烈地吸引了他，以至于平时户外散步的惯例都被打破了，一连停止了好几天，阅读占去了全部时间。从此，在他的工作室里出现了唯一的一件装饰品，这就是著名的日内瓦公民卢梭的肖像。

卢梭因为自己的《论科学与艺术》这篇论文而闻名于世，这篇论文获得第戎学院征文奖金。征文的题目是：《科学与艺术的复兴是否有助于教化风俗？》。卢梭的结论是："科学和艺术的进步没有给我们真正的福祉带来任何好处，而只是起了败坏风尚的作用。"卢梭这位自然之子比别人更鲜明地更早地表达了正在孕育着的时代精神，他已开始重新审查早期启蒙运动的信

条——崇信理性思维万能、科学万能和开明君主。卢梭是人类思想史上第一个对科学主义进行质疑的思想家，他比当代对科学主义思潮进行批判的海德格尔、马尔库塞等人早了整整200年。

康德传记作者们认为，卢梭的著作给康德带来的最大益处，就是使他得以摆脱书斋学者的许多成见，使他的思想大众化。这里需要说一句，卢梭是典型的学院外思想家，他没有受过正规的学院化教育，用我们今天的说法是自学成才，这与康德形成鲜明的对照。康德说："我自以为求知欲极为强烈……有时我想：这一切将给人类带来荣耀，因此我鄙视那些知识贫乏的庸俗之辈。卢梭纠正了我这种看法。炫耀自己的特长这种心情消失了，我学会了尊敬人。"康德童年时期从母亲那里获得了来自大自然的观念的教育，使他具有健康的常识或理性。在多年的书斋生活之后，他又从学院外自由思想家卢梭这里获得新的思想气息，来自大自然和普通人的思想气息。学会尊敬人，不仅是看法的改变，这乃是道德观念上的革新，生活方针上的革命。考虑到后来康德哲学创造的主题和方向，我们可以说这也是哲学观念的革命，从此以后，人的问题逐渐成为康德哲学的主题。

康德并没有成为一个卢梭主义者。通过讲授自然地理，他对其他民族的生活状况已经懂得很多，这些民族的、生活理想化的做法已经不能蒙蔽他的眼睛。康德在60年代的手稿中写道："卢梭的方法是综合法，他是从原始状况的人出发的；我的方法则是分析法，我的出发点是文明化了的人……自然之路对于我们说不是什么神圣不可侵犯的东西……北极地方的游牧生活和人们羡慕不已的宫廷生活，二者都是鄙俗而不自

然的。因为享受一旦变成为一种职业，就不再是真正的享受了。"这足以表明他对自己所爱戴的人是持批判态度的。

除了卢梭以外，康德后来把英国哲学家大卫·休

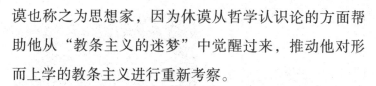

谟也称之为思想家，因为休谟从哲学认识论的方面帮助他从"教条主义的迷梦"中觉醒过来，推动他对形而上学的教条主义进行重新考察。

　　休谟是西方哲学史上著名的怀疑主义者。要理解休谟的学说，必须改变我们习以为常的思维方式，最好是使我们的思维回到儿童时期，用儿童的眼光去打量世界。比如，我们手里有件珍贵的玻璃器皿，我们不会无故撒开手让它掉在地下。因为第一，它是我们珍惜的，不愿让它破碎；第二，我们知道它掉到地上必然破碎。而一个小孩即便也知道它很珍贵，也可能放手不管，因为他不知道放手后玻璃器皿一定落地破碎，它会不会悬浮在空中不动呢？它会不会像一片鹅毛轻轻落地呢？我们知道不能。休谟的问题是这个"知道"的意思是什么。他从彻底的经验论出发回答说，我们知道的只是以往大量重复的经验，我们不敢撒手只是一种习惯联想或心理

→卢梭

期待，撒手后玻璃器皿必然落地的那个"必然"是我们经验不到的，用重力或引力学说作出解释，这些定律、原理也只是一些猜想和假说罢了。休谟的学说是对唯理主义、独断论的真正挑战，它从根本上改变了人们对科学和理性的盲目崇信，也把康德从"独断论"中惊醒。1762年康德写了一本小册子《三段论法四格的诡辩》，康德把形式逻辑称为"泥足巨人"，提出研究概念是怎样形成的问题。康德认为，概念是从判断中产生的，判断是最基本的思维

卢梭在《爱弥儿》一书中，通过对他所假设的教育对象爱弥儿的教育，来反对封建教育制度，阐述他的资产阶级教育思想。他认为，人生来是自由、平等的；在自然状态下，人人都享受着这一天赋的权利，只是在人类进入文明状态之后，才出现人与人之间的不平等、特权和奴役现象，从而使人失掉了自己的本性。为了改变这种不合理状况，他主张对儿童进行适应自然发展过程的"自然教育"，以培养资产阶级理性王国的"新人"。

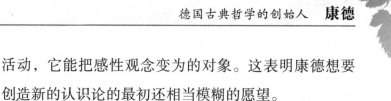

活动，它能把感性观念变为的对象。这表明康德想要创造新的认识论的最初还相当模糊的愿望。

康德身材矮小，只有 1.57 米，这也许是自幼身体孱弱造成的。但康德深厚的学养和风度弥补了身材的不足，也获得了不少女士的青睐。裁缝和理发师运用他们的手艺帮助他掩盖了外表的欠缺。淡黄色的头发，灵活聪明的一双蓝色的眼睛，高高的前额，文雅的举止，惯于深入思考的学者风度，使他成为一个十分引人注目的人。康德的穿着既讲究又入时，一顶三角小帽，撒了粉的假发，褐色的上衣配上黑色的镶边，再用金线锁边，纽扣是丝织品做的，背心和裤子也是褐色的，雪白带花边的衬衣，灰色丝袜，配有银钮扣的皮鞋，腰间配带一柄短剑——这就是他的装束。在同时代人的印象中，康德不仅是一个"矮小的硕士"，而且也是一个"穿着雅致的硕士"。康德对于时髦并不欣赏，称它为一种爱好虚荣的表现，但是他说："做一个时髦的蠢人比做一个不时髦的蠢人要好。"这时的康德可能还没有完全"学会尊重人"，智者和蠢人还是泾渭分明的。但康德绝不是不懂世故的学究和书呆子，人间的一切对于他来说都是亲切美好的。

所有熟悉康德的人都说他是一个善于交际和通情

达理的人。他工作十分繁忙，他热爱自己的工作，相信自己的学术成就会给人类带来福祉和尊严，他向着自己选定的生活目标坚毅地迈进。尽管康德也曾有过犹豫和动摇，他在讲课中也曾表露出对死亡的思考。如果肉体死亡之后灵魂不灭，那么灵魂不灭又如何呢？如果等待我的只是我的彻底灭亡，那么学术又有什么意义呢？牛顿一生只知道从事科学研究，从不知道享受，不知道休息和安宁，然而到了老年则迟钝不堪，成了被嘲弄的对象。在朋友中间过一种无忧无虑的生活不是更好吗？这些思考是无法逃避的，康德最终用他童年时代即已确立的义务观念克服了这种犹豫，工作和劳动既是人的使命也是幸福的源泉。但康德不仅知道工作，他也善于休息和消遣。工作之余他很喜欢在咖啡馆或酒吧间消磨时间，打打台球，晚上也玩玩牌。有时他回家已是午夜，他自己曾承认说，有一次喝得迷迷糊糊的，连在60年代住的家都找不到了。

←大卫·休谟

　　他乐于到别人家做客，而且从不拒绝人家的邀请。康德谈吐聪明机智、生动活泼，是社交场合的灵魂。他在任何团体中都是平等待人，轻松愉快，随机应变。有一次在一个晚餐会上，年轻的军官当着老军官的面把红酒洒在桌上，那军官羞愧难当，恨不得钻到地缝里去。康德正在同那位老军官谈论一次战役，对此毫不介意，而且乘机把酒洒了比作正在向前冲杀的军队。

　　康德的学生赫德尔听了康德当时所讲的全部课程，每门课都认真做了笔记。他在晚年对康德已经抱敌对态度了，但仍真实地写下了对老师的印象："我常常怀着感激而兴奋的心情回忆起我年轻时候同一位大哲的相处，他对于我来说是一个真正充满人性的老师。他在成熟时期所具有的那种乐观情绪和朝气，毫无疑问一直保持到他的迟暮之年。他那广阔的有如为才思而生就的前额打上了开朗豁达的痕迹，思如泉涌的动人语言从他的唇际溢出。他非常善于运用诙谐、警句和幽默，而在人们哄堂大笑时他则能保持严肃。他讲的

课有如愉快的谈话；他在谈到某个作者时总是既能设身处地而又能进一步发挥他的思想。……他的哲学促使人们去进行独立思考，在这方面我想象不到还有比他的讲课更有效的方式。他的思想仿佛在我们眼前不断产生，应当做的就是把它们进一步地加以发挥；他不承认任何训诫、指令和教条。……他的心灵生活在听众之中……"

　　《论教育学》和《系科之争》是康德的两部与教育有关的著作：前者是他在哥尼斯堡大学讲授教育学的讲义，后者则是他在不同时期撰写的3篇论文的集合，内容主要是讨论大学中哲学（康德这里指广义的以理性知识本身为目的的理论研究）与实用学科（以及知识界与政府）的关系。

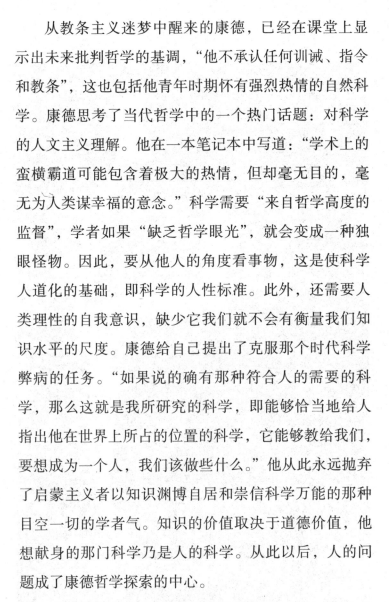

　　从教条主义迷梦中醒来的康德，已经在课堂上显示出未来批判哲学的基调，"他不承认任何训诫、指令和教条"，这也包括他青年时期怀有强烈热情的自然科学。康德思考了当代哲学中的一个热门话题：对科学的人文主义理解。他在一本笔记本中写道："学术上的蛮横霸道可能包含着极大的热情，但却毫无目的，毫无为人类谋幸福的意念。"科学需要"来自哲学高度的监督"，学者如果"缺乏哲学眼光"，就会变成一种独眼怪物。因此，要从他人的角度看事物，这是使科学人道化的基础，即科学的人性标准。此外，还需要人类理性的自我意识，缺少它我们就不会有衡量我们知识水平的尺度。康德给自己提出了克服那个时代科学弊病的任务。"如果说的确有那种符合人的需要的科学，那么这就是我所研究的科学，即能够恰当地给人指出他在世界上所占的位置的科学，它能够教给我们，要想成为一个人，我们该做些什么。"他从此永远抛弃了启蒙主义者以知识渊博自居和崇信科学万能的那种目空一切的学者气。知识的价值取决于道德价值，他想献身的那门科学乃是人的科学。从此以后，人的问题成了康德哲学探索的中心。

　　康德自己把1769年看作是他转折的一年。在这一年他首次使用了"纯粹理性"的术语，并开始思考感

性和理性的界限问题。此时康德的名声已超出了普鲁士。哈勒德豪森教授于1769年准备出版《德国国内外18世纪著名哲学家和历史学家传记》，康德被列为该书对象之一。几乎与此同时埃尔兰根大学来函聘请他去任教，耶拿也来了邀请，聘请他为哲学教授。康德谢绝了这些聘请，他对祖城恋恋不舍，他从未远离故乡，他对这里太熟悉了，习惯成为第二天性。而且不久，1770年3月31日国王委任康德为逻辑和形而上学编内正教授。康德十多年来梦寐以求的夙愿总算实现了。5月2日学校当局晋升了他的职位。

1772年康德在给赫茨的信中再次谈到他正在写的一部著作，这部书应当提供"揭示全部形而上学秘密的钥匙"。一般都把这封信的日期看成是康德主要哲学著作《纯粹理性批判》诞生或孕育的日期。但是这部书写得异常艰难，康德还从未写得这样慢。主要的东西总是抓不住，有时似乎真理已经在握了，但是很快

又变成没有解开的谜。读过《纯粹理性批判》的读者
不会觉得奇怪，康德在孕育着哲学史上的一场革命，
一种新的思维方式，一些全新的理论课题，不会很容
易地产生。而且康德跟从前一样，他的大部分时间和
精力都用在教学上。这时教学负担固然已减轻了许多，
但平均一周仍有 14 个小时的课，并且他又开设了一些
新课程：矿物学、人类学和教育学。

哲学的哥白尼式革命

> 我们这个时代可以称为批判的时代，没有
> 什么东西能逃避这批判的。宗教由于其神圣，
> 法律由于其尊严，似能避免批判，而结果正引
> 起人们对它们的怀疑，并失去人们对它们真诚
> 的尊敬。因为只有经得起理性的自由、公开检
> 查的东西，才能博得理性之尊敬。
>
> ——康德

　　岁月流逝，康德持续沉默了11年之久，终于一鸣
惊人。1781年5月，《纯粹理性批判》出版了。

　　这是一部十分艰深的著作，康德在该书序言中明
确宣称这部书不是给普通读者写的。然而即便是与康
德同时的德国哲学专家们也几乎无人读懂这部深奥的
著作。我国读者除少数几位哲学专家外，大都是通过
马克思主义经典作家对康德的批判而认识康德的，普
通哲学教科书上告诉我们的只是康德是不可知论者，
是唯心主义者，一般哲学史教材也不能告诉我们更多
的东西。200多年过去了，由于数代哲学工作者的不懈
解读，我们今天具备了理解《纯粹理性批判》更多的

有利条件。因为我国读者大都具有些马克思主义哲学的背景，我们就从这个背景出发尝试介绍这部著作的一些主要思想。

首先，我们说说"纯粹理性"这个概念。马克思主义哲学告诉我们的一个常识是人是有理性的动物，因而人能够认识和改造世界。人的认识可以分为感性认识和理性认识，前者是感觉、知觉和表象这些对事物现象的认识形式，理性认识则是对事物本质和规律的认识，概念、判断、推理是理性的认识形式。有了理性认识，才有各种理论、政策和计划，才能有目的地去改造世界。因此，各种自然科学和社会科学都是人类的理性认识。而且自启蒙运动以来，科学对于物质财富的增长和社会进步愈来愈起到强大的推动作用，科学成为人类理性最典范的形式。但是按照康德的看法，科学、哲学、法律、宗教等等都是理性认识能力的表现和实现，而不是理性本身。康德所说

→ 纯粹理性批判

的"纯粹理性"不是指科学等理性形式，而是使这些具体理性形式能够成立的理性能力本身。康德不怀疑科学的作用和力量，这是人所共知的事实。康德要问的是科学是怎么可能的，科学的理性基础是什么？他具体地追问：数学是怎么可能的？物理学是怎么可能的？哲学或形而上学是怎么可能的？康德认为，所以需要追问和解决这些问题，不仅在于它能够给科学和人类知识提供牢固可靠的基础，而且可以避免理性的误用，即超出理性能力自身的范围和界限而造成的谬妄，特别是可以消除种种形而上学独断论的错误。所以康德提出对纯粹理性进行批判，划定感性和理性的界限。这样说来，"纯粹理性"就不仅仅是指我们所说

的理性认识，也包括感性认识，它就是人类的全部心理机能的规则体系，是一切知识和经验能够形成的先天条件。

在我国的哲学教学和宣传中，多年来一直把康德所说的纯粹理性和先天条件看作是唯心主义的先验论，其中的主要误解可能在于我们把先验或先天条件看作是先天观念和知识，认为康德所说的先天条件是指人生来就具有某些先天的知识。可能是为了免除这种误解，《纯粹理性批判》的导言开篇就说："毫无疑问，我们的一切知识都是从经验开始的。……按时间先后说，在经验之先，我们是没有知识的，我们的一切知识都是从经验开始的。"说一切知识都是从经验开始的，却不等于说一切知识都从外部世界的刺激产生。因为这些刺激也作用于所有的动物，动物却不能形成人的知识。这必定是因为人在接受外部刺激的同时有某种先天的能力把这些刺激转变为关于对象的知识。从这里我们可以回到较为熟悉的马克思主义哲学了。传统的哲学教科书认为，人的意识具有能动性，认识是主体对客体的能动反映，马克思主义认识论是能动的革命的反映论，这些观点都是正确的。但是教科书却没有进一步回答意识的能动性、认识的能动性的具体内涵。认识的能动性如果不是神秘的东西，就必须

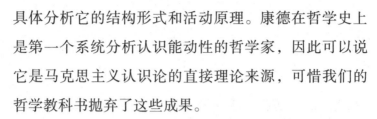

具体分析它的结构形式和活动原理。康德在哲学史上是第一个系统分析认识能动性的哲学家，因此可以说它是马克思主义认识论的直接理论来源，可惜我们的哲学教科书抛弃了这些成果。

认识依赖于我们所属这个物种，认识是人的认识，这是没有疑问的。一位通俗哲学读物作家为了帮助人们理解康德，建议做这样一个简单的实验：如果你戴上镜片为粉红色的眼镜，那么你将看到的是一个粉红色的世界。我们可以进而设想，如果这副粉红色的眼镜不是我们可以随时戴上拿下的东西，它恰恰就长在所有人的眼球里或视觉神经通道上，那么人类就只能看到一个粉红色的世界。认识依赖于我们的神经生理结构，也依赖于在此基础上人类固有的感性和理性能力。前边提到的那位通俗作家做过一个比喻：心灵影响了我们理解世界的方式，就像你把水倒进一个玻璃壶里面，水立刻会顺应水壶的形状一般。

康德学说的真正困难在于它不是以经验科学的方式去探索人的神经生理结构和先天的认识结构，这是神经生理学和心理学的任务，而这些经验科学能在这条路上走多远还很难预期。不管经验科学就此取得多大的成就，按照康德的看法，这都是先天理性能力的运用，而不是考察纯粹理性本身。100多年后，现象学创始人胡塞尔激烈地反对哲学中的心理主义，遵循的是和康德一样的思路。不能用经验科学的方法考察纯粹理性本身，而又必须在理性运用之前划定它的界限，唯一的方法只能是先验哲学的反思方法。

康德想在使用认识工具之前研究认识工具。黑格尔根据这一点讽刺说：想学会游泳又不下水。黑格尔并从形式逻辑的原则指出了康德的悖论：研究认识工具这就已经是在认识了，因而不能在使用认识工具之前研究认识工具。这里黑格尔肯定是曲解了康德。按照我们的看法，从康德哲学的本意说它是要为全部人类认识提供一个稳固的基础，因而就不能以现有任何认识理论作为基础，而必须把这些认识成果作为可疑的东西"悬搁"起来，"悬搁"不是丢弃，而是要对其进行批判的考察。康德想学会游泳必须下水，而要弄清游泳可能的条件却必须回到岸上思考一下人体的比重之类的先天条件。

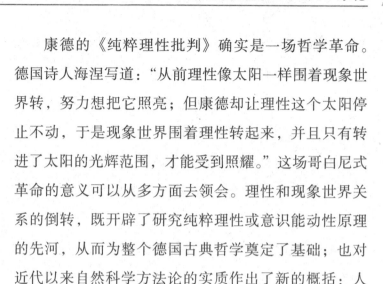

　　康德的《纯粹理性批判》确实是一场哲学革命。
德国诗人海涅写道："从前理性像太阳一样围着现象世
界转，努力想把它照亮；但康德却让理性这个太阳停
止不动，于是现象世界围着理性转起来，并且只有转
进了太阳的光辉范围，才能受到照耀。"这场哥白尼式
革命的意义可以从多方面去领会。理性和现象世界关
系的倒转，既开辟了研究纯粹理性或意识能动性原理
的先河，从而为整个德国古典哲学奠定了基础；也对
近代以来自然科学方法论的实质作出了新的概括：人
为自然立法，理性向自然提问并强迫其作出回答（这
是科学实验的实质）；还可以说这场革命确立了认识论
中的主体性原则，等等。

　　海涅所说的"理性的太阳"是人类全部理性认
识能力的系统，它包括康德所说的感性、知性和理
性。先让我们粗浅地了解一下康德的先验感性论。
照康德看来，存在着两种先天的、经验之前的感性形
式——空间和时间。我们每个人都有自觉或不自觉的
时间和空间观念，在日常生活中我们大都把时间理解
为均匀流逝的延续性，把空间理解为安放事物的容器。
我们在时间之中生老病死，我们在空间中活动生息。
康德却让我们倒转过来想问题，我们不能从经验中，
从环绕我们的现象世界中得出时间和空间的形式，时

间和空间却是我们自身系统化感觉材料的先天直观形式，是我们固有的时间和空间先天形式使经验得以可能，使现象世界不致成为混乱的杂多。需要说一句的是现代物理学对时间和空间有了许多超乎我们日常经验的认识，但这不能驳倒康德的观点，因为所有关于时间和空间的观念和认识，都是在经验基础上的认识，康德要回答的则是经验可能的先天条件。

据说爱因斯坦曾向一位年轻人解释相对论：当你和恋人在一起的时候你觉得时间过得特别快，当你等待和恋人相会的时候时间过得特别慢，这就是相对论。这个笑话无助于理解康德，因为这里所说的时间相对快或慢的感觉仍是主观经验中的感觉。康德则认为，空间和时间的先天形式是普遍的和必然的。这些先天形式系统化感觉材料的过程是先于经验的，是我们自己不知道的。只能在对后天的感觉经验进行分析中，才能捕捉到空间和时间的

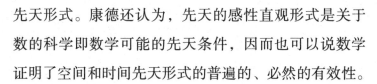

先天形式。康德还认为，先天的感性直观形式是关于数的科学即数学可能的先天条件，因而也可以说数学证明了空间和时间先天形式的普遍的、必然的有效性。

先天的直观形式给予我们的是同时并存或前后相继的感性经验系统，它只提供了对现象世界进行数学研究的可能。我们实际经验到的现象世界还受到先天知性形式的构造作用，先验的逻辑范畴是经验得以可能的知性先天条件，这是《纯粹理性批判》先验分析论的内容。

我们还记得十多年前康德即已开始思考概念形成的问题。他称传统形式逻辑为"泥足巨人"，从此他开始思考不同于传统形式逻辑的先验逻辑。传统的形式逻辑认为，它自己的任务就是研究从抽象思维的内容中抽象出来的抽象思维的结构和形式，并研究这种结构、形式的规律和法则。比如，从"玫瑰花是红的、树叶是绿的"等语句中抽象出"S是P"的结构形式；从"所有的人都是要死的，苏格拉底是人，所以，苏格拉底是要死的"推论中，抽象出三段论推理的结构形式，进而研究保证推理正确性的形式法则。康德提出逻辑改革的问题。"那种不是从任何内容中抽象出来的逻辑应该是存在着的，……它应该也是研究我们关于对象的知识的起源，只要这个起源不会被归之于对象就行。"

康德要研究知识的起源和概念的形成。他同意休谟的看法，认为像因果性等不能从对象中现成的归纳出来，不能把知识的起源归之于对象。康德不同意休谟的怀疑主义，不能把人类理性和科学的大厦建基于"习惯联想"或"心理预期"等靠不住的基石上。这就必须另辟蹊径，从主体的先天能力去寻找知识的起源和理性的基石。康德认为，理性的先天能力是人固有的机能，这种能力和机能不是个人主观心理的特征，而是普遍的和必然的，是整个人类思维和认识的先天逻辑基础。因此，先验逻辑是真理的逻辑，是和思想内容密不可分的逻辑。形式逻辑只能保证思维形式的正确性，先验逻辑则要揭示全部人类知识的起源和可靠性基础，是对人类理性的重新奠基。

康德认为，全部科学知识起源于先天的综合判断。先天的仍是指先于经验，在有经验之前；综合判断的意思是人类知性

运用先天的知性范畴把感觉材料综合或整合为可理解的经验。所以，先天综合判断是经验和知识得以可能的先天条件。这个综合判断是人自己不知道的先验过程，也只能在对经验的分析中找到先天的范畴形式。康德认为，判断是最基本的思维活动，是形成概念的基础。与形式逻辑划分的4种不同判断形式相适应，产生了康德的下述范畴表：（1）量的范畴——单一性、多数性、总体性。（2）质的范畴——实在性、否定性、限制性。（3）关系的范畴——实体性、原因性、交互性。（4）样式的范畴——可能性、存在性、必然性。这些先天的知性范畴，是最一般的概念，它们构成了认识的骨骼。尽管我们不知道这些范畴的存在，而这些范畴却在每个人的认识中自动发生着作用，并支撑起人类理性认识的大厦。先天知性范畴是人的认识能动性的基本形式。按照康德的看法，有了这些先天范畴才能综合感性对象，从而形成人的经验世界。

　　剩下的问题是先天

范畴如何综合感性对象。先天范畴不是知识本身，它只是提供了形成知识的可能性。我们不要忘记《纯粹理性批判》正文的第一句话：一切知识都是从经验开始的。

先验范畴和经验材料相结合才能形成知识。这种结合或综合是怎样实现的呢？康德提出了一个术语叫"再生的想象力"，这是综合的工具。我们可以把再生的想象力理解为人类认识固有的直觉能力。当我们接受到某些外部刺激的时候，一些感觉材料进入我们的意识，这些感觉材料首先被空间和时间的先天形式系统化，形成感觉经验。这些感觉经验刺激思维发动起它固有的直觉能力，在康德看来，这时产生源自先天知性范畴的"图型"。"图型"犹如再生的想象力的一种半成品，一方面是感性的东西，一方面是知性的东西，可以叫作"感性概念"，通过它最终把先天范畴和感性经验综合起来，形成可理解的经验和知识。以上大致是先天综合判断的实现过程。有兴趣的读者可以参看瑞

→爱因斯坦

士儿童心理学家皮亚杰的《儿童心理学》和《发生认识论》。但需注意皮亚杰是从后天的动作来解释类似康德的"图式"的。

除了形成概念的先验过程外，在后天使用概念或原理这个重要方面，直觉也是需要的。恩格斯和列宁都曾谈到"运用概念的艺术"，我们在解自然科学习题时也体会到运用定律或原理能力的重要性。善于把概念或一般原理应用于具体的个别情况中去，这是一种直觉的本领，康德把它叫作判断力。他说："判断力是我们所谓的机灵的一个特点，缺乏这种能力，就不能用任何学校教育来加以补救，因为学校甚至可以对有局限性的知性施教（犹如把从别人那里继承下来的多么合适的规则注入这个知性一样），但是正确使用这些规则的能力则是学生固有的，如果缺少这种天赋，……这种缺陷是无法补救的。"学习教育既传授知识，也传授能力，康德的意思是某种根本能力即判断力的缺陷是无法补救的。康德一生的教学活动致力于教人们哲学的

思考，而不是教哲学。那么，哲学的思考能否补救判断力的欠缺呢？哲学能否使人聪明起来呢？用苏格拉底的说法是自知无知就是智慧。如果我们真的承认自己缺乏判断力，这也许就是哲学教给我们的最大智慧。

《纯粹理性批判》的最后一部分是先验辩证论，其中的一个重要思想就是要限制理性的妄用，划定理性的界限，这也可以说是对整个人类理性无知的认可。早期启蒙运动产生的幻想之一就是科学万能：能够证明上帝的存在，能够论证灵魂不死，能够揭示人存在的全部秘密。这是代替宗教崇拜的理性崇拜。指明这类奢望之没有根据，是康德理性自我批判的任务之一。

康德在《纯粹理性批判》中使用的狭义理性概念是与知性相区别的。理性不是同知性范围的科学概念打交道，而是同灵魂、上帝等理念打交道。理性的困难在于理念是一种在直观中不可能为之提供完全相应的对象的概念。理解理性与知性概念的区别，我们可以用20世纪逻辑

← 胡塞尔选集

→德国哲学家、20世纪现象学学派创始人胡塞尔

经验主义的说法，理念无法还原为直接的感觉经验。理性在认识中执行指导职能，它把知性引向一定目的，并把知识加以系统化。

理性是人所固有的本能，追根究底的思考和追求最高统一性、普遍性的认识要求，必然把人们引向超越经验，无法获得经验直观的领域。在这个领域中理性陷入了无法摆脱的"二律背反"。康德认为，企图把握整个世界的理性必然产生4个宇宙论的理念，而每一理念相互排斥的命题都有同样的根据。比如说，"世界上存在着通过自由的因果作用"，和说"没有任何自由，一切都是按自然规律发生的"，都可以得到同样的证明。如何消除这些二律背反，康德的看法是世界整体这个概念不能用于现象世界，必须限制理性的误用，划定理性的界限。康德在他晚年回忆起《纯粹理性批判》发端史时，强调指出，正是上述二律背反，才把它从独断论的迷梦中唤醒过来，并使他转到对理性的批判上

来，以便消除"理性与自身有矛盾这种怪事"。

从独断论中醒来的康德最为关心的是人的自由问题。人有无自由？在现象世界中人不过是自然的一部分，一切都是受因果决定的，即便是你自以为完全自由的活动，如自由歌唱，也总可以找到你所以歌唱的原因。人只有在本体世界才是自由的，否则人的道德生活就是不可能的。康德要限制知识，以便给信仰腾出地盘。限制这个德文词也有"抬高"的意思，由此带来了对康德哲学完全不同的理解。我们这个世纪的科学主义思潮，继承了康德哲学中"抬高"理性的精神，用科学拒斥形而上学，"取消哲学"成为哲学的目标。有人认为，康德是要限制科学理性的扩张，从而为人们提供一种道德世界观。

←伟大的波兰天文学家、日心说的创立者哥白尼

相关链接
XIANGGUAN LIANJIE

《纯粹理性批判》的哲学要义

康德在《纯粹理性批判》的第一版序之中，阐明了对理性进行批判的必要性首先在于确定一般形而上学是可能还是不可能，以及规定源流、范围和界限。但是康德于第二版序之中，反而不是着重于进行理性批判的条件，而是改变了知识与对象的关系：不是知识依照对象，而是对象依照知识，这一新概念，导致康德发动了哲学界中的"哥白尼式革命"。

在导言中，康德提出了全书的总纲：纯粹理性的总任务是要解决"先天的综合判断"、既具有普遍性和必然性而又扩展了知识内容的真正科学知识是"如何可能"的问题，并按这个总问题细分了以下4个问题：1.数学如何可能？2.自然科学如何可能？3.形而上学作为自然的倾向如何可能？4.形而上学作为科学如何可能？

康德把全书大致分为5个部分：1.先验感性论2.先验逻辑论3.先验分析论4.先验辩证论5.先验

方法论。

先验感性论

先验感性论主要是阐明，只有通过人的感性知识（接受能力）所先天具有的直观形式即空间和时间两大要素去整理自在之物（的表象即现象界）刺激感官的感觉材料，才能获得确定的感性知识，同时，空间和时间也是数学知识的先天直观形式。

先验逻辑论

先验逻辑论阐明感性必须与知性结合，直观必须与思维结合，才能产生自然科学的知识，因而必须有一门不同于形式逻辑的先验逻辑来探讨知性的结构及其运用于经验对象时的各种原理。先验逻辑立足于知识与对象的关系，即知识的内容，而不是单纯的思维形式，这标着辩证逻辑在近代的萌芽。

先验分析论

先验分析论（真理的逻辑）阐明了知性的先天概念和先天原理是自然科学之所以可能的根据和条件。而先验分析论当中的原理分析论主要阐明了知性指导判断力把范畴运用于现象的法规。

先验辩证论

先验辩证论（幻相的逻辑）主要阐明了理性不可避免地要超越现象去认识本体，由此产生的作为自然倾向的形而上学只不过是一些先验的幻相，而不可能是真正的科学。康德在先验辩证论的导言之中指出，理性这种推广能力要从有条件者出发通过推论去认识无条件者。

先验方法论

先验方法论首先阐明，纯粹理性的经验使用虽然有正确的使用法规（知性的先更原理），但其理论的（思辨的、先验的）奥用却没有法规可言，因而必须对其先验使用方法（从定义出发的独断论、从正反两方争辩并互相证伪怀疑论方法、假设和证明的方法等4个方面）加以训练，确立一些"消极的"规则，以限制纯粹理性的扩充到可能经验之外的倾向，从而为建立一种有关经验的形而上学准备方法论的原则。

康德的道德世界观

> 有两种东西，我们对它的思考越是深沉和持久，它们唤起的那种越来越大的惊奇和敬畏就会充溢我们的心灵，这就是繁星密布的苍穹和我心中的道德律。
>
> ——康德

《纯粹理性批判》的出版并没有引起强烈反应。人们甚至对这本书不加理睬。书的销售情况很不好，以致出版商开始考虑是否要把没有卖出去的那些书扔到废纸堆去。

书很难读，引不起人们的兴趣。康德先前的学生赫德尔说："康德的《纯粹理性批判》对我来说有如一块顽石，看来，我是难以读完它了。"偶尔也有几篇不着边际的书评发表。所有这一切都使康德感到苦恼。康德不认为伟大的智慧是注定不可理解的。他曾考虑对他这本主要著作的内容进行通俗的阐释，可是工作拖下来了，康德开始了道德哲学著作的写作。

《纯粹理性批判》的第二版出版于1787年，此时，坚冰已经解冻：批判哲学逐渐为自己开辟出一条通向大学讲台的道路。1786年春，在耶拿，康德哲学甚至成了一场决斗的触发点。一位大学生声称，要想弄懂《纯粹理性批判》，在大学里起码得上30年学。另一位大学生则提出要同他决斗。"康德热"笼罩了德国各大学。有的地方当局为此而忧心忡忡。在马尔堡，地方州长官曾禁止讲授康德哲学，直到弄清楚它是否破坏了人类认识的基础为止。而此时费希特已从大学毕业，4年后的1790年他接触到康德哲学，并很快成为其信徒；黑格尔和谢林几年后进入图宾根神学院。在康德哲学的哺育下，德国古典哲学的几颗耀眼巨星即将升起。康德自己已功成名就，他曾被推举为大学校长（任期一年），柏林科学院把他列为院士。

　　康德已过了60岁，但他的学术生命正值盛年。自

他受卢梭和休谟的影响从教条主义的迷梦中醒来之后，人的问题就是他关注的中心，建立符合人的需要的科学是他自觉的学术使命。《纯粹理性批判》回答了人能

知道什么，接下去要回答人能做什么。道德哲学是一个未经探索的思想大陆，许多伟大的哲学家早就在围绕着它奔走徘徊，康德本人也对他梦寐以求了许多年。

1785年康德的《道德形而上学探本》问世。1788年《实践理性批判》出版。

康德所谈到的关于人的行为的一个新词就是道德自律。我国读者大都知道道德的一般定义：道德是调整人与人之间、人与社会之间行为规范的总和。人是社会性的动物，我们总是生活在人群和社会之中。若使人们能够相安共处，要使社会生活成为可能，每个人都不能为所欲为，这就需要法律、纪律和道德规范等限制可能损害他人、破坏社会的行为。俗话说，没有规矩不成方圆，这些规矩就是行为规范。道德规范是行为规范的基础，它规定人们在家庭生活、社会公共生活、职业生活等全部生活领域的行为准则。问题是这些规范是从哪来的。从前的理论都是他律的，就

是说它们是从道德以外的原则中引申出道德的。一些
道德学家认为像上帝的意志、社会的规范、来世的报
应等强制性的裁断是道德原则的根源。另一些道德学
家坚决主张，关于善和恶的观念是从人达到目的和从
人的行为得出的结果派生出来的，是人追求幸福、享
乐、利益的手段，道德规范来自道德以外的动机。康
德则从他的先验哲学的思路规定道德的来源，道德只
能来自理性存在的人，来自人的纯粹理性，来自人人
固有的先验的善良意志，它自身是自身的目的。这就
是康德的道德自律。

　　我们还记得《纯粹理性批判》中关于自由和必然
的"二律背反"。按照康德的看法，人在现象世界是被

决定的存在，人无
自由，人的所有动
机和行为都能找到
其所以如此的原
因。这和佛学的看
法是一致的，所谓
"因缘生法""无我
无造无受者"，意
思是说每个人都是
各种因缘条件聚合

而生，聚则生，散则
亡。人们执着的"我"
是"假我"，是幻象。
用今天的自然科学思维
方式去看人，人也只是
自然链条的一环，一嗔
一喜、一举一动，都可
做出生理学、心理学、
社会学等的科学解释，
人不过是一部高度精巧

的机器。但是，如果人无自由，对人的犯罪行为的惩罚，对人的不道德行为的谴责，就是没有道理的。比如说人是社会关系的产物，而人犯罪就应由社会关系承担罪责，为什么要对犯罪人进行惩处呢？所以康德认为，必须假定人在本体世界、在道德生活中是自由的。康德说："道德只是对于一个自由的存在者才是可能的。"

康德的道德哲学正是从自由的概念过渡到道德的概念。自由的实质是自决，所谓自决就是自己给自己提供行动的准则，自己作自己的规律，而这是意志的属性，所以自由就是自由意志。然而自由不是主观任性，不是为所欲为，不是摆脱规范的约束，而只是不

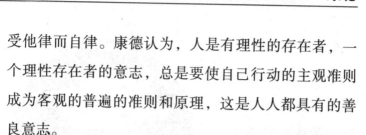

受他律而自律。康德认为，人是有理性的存在者，一个理性存在者的意志，总是要使自己行动的主观准则成为客观的普遍的准则和原理，这是人人都具有的善良意志。

康德道德哲学的主要概念是自律的善良意志。康德慷慨激昂地说："无论在世界上和在世界范围之外，仅仅除了一个善良意志之外，任何其他可以被认为是不受限制的福利的东西都是不可想象的。知性、机智和判断力以及（无论怎样称呼）精神的才能或者作为某些方面气质特性的勇敢、果断、坚定的目的性，无疑都是非常好的和人们喜欢具有的；但是它们也可以成为最坏的和最有害的，如果那个理应利用这些天赋的意志很不善良的话……"确实如此，杰出的才能和气质既可为善，也可为恶。康德是道德学说的动机论者，即使善良意志不能达到自己的目的，那么善良意志本身"就总能够像宝石那样作为一种本身就具有自己的全部价值

→实践理性批判

的东西而闪闪发光"。

现在我们可以解释一下作为康德道德哲学的纯粹实践理性批判这个术语了。康德所说的实践是指道德行为，不是我们通常理解的物质生产实践，这和中国古代哲

学所说的"践履笃行"是一致的。康德认为，只有人的道德行为才是自由和自律的，才是有理性的存在者自己给自己制定规律并使其支配自己的行动，这是实践理性的含义。康德所说的纯粹实践理性仍是对实践理性的先验考察，即先于道德观念和行为并使其成为可能的先天条件。那么康德所说的批判也不是对某种道德哲学的批判，而是对道德先验基础的清理和分析。这就使康德的道德哲学不是一个实质伦理规范的体系，而是一个形式体系，用当代的术语说，是元伦理学。

纯粹实践理性的最高规律是：要这样地行为，使你的意志的准则始终能够成为普遍立法的原则。这是康德所说的道德的绝对命令，即无条件的命令。

在具体的道德情境中，人们往往陷入道德选择

的两难处境。比如，中国人所说的忠孝不能两全等等。康德的道德哲学是非常抽象的，有时它不能帮我们作出可靠的道德选择，康德也曾为此感到苦恼。但基本原理仍是明确的：义务是道德最牢固的支柱，是绝对命令唯一真正的源泉。只有义务而不是任何别的动机才使行为具有道德的性质。"义务就是由于尊重规律而行动的责任。"义务的确切内容是"自身的完善和他人的幸福"。康德在晚年逐渐使他的过于严厉的提法变得温和起来，把义务、责任和他人的幸福统一起来。

　　康德的道德哲学要回答人应当做什么，结论是重复了一个古老的真理：己所不欲，勿施于人。做那些大家都应当做的事吧！

但是《实践理性批判》艰难的思想探索绝非无意义的奔走和徘徊。与《纯粹理性批判》相比，《实践理性批判》确立了道德自律亦即道德哲学的主体性原则。知性所把握的现象世界是一个自然必然性的王国，实践理性所把握

Die
Religion
innerhalb der Grenzen
der bloßen Vernunft.

Vorgestellt
von
Immanuel Kant.

Zweyte vermehrte Auflage.

Königsberg,
bey Friedrich Nicolovius.
1794.

的则是一个自由的目的性王国。"你行动时，应该把人性，无论是在你自己身上或者是在另一个人身上，总是作为一个目的，而永远不只作为一种手段来使用。"通过共同的规律把不同的有理性的存在者系统地结合起来，这就是康德目的王国的理想。数十年后，马克思和恩格斯提出从必然王国跃进到自由王国的共产主义理想；每个人的自由发展是一切人自由发展的条件；人是目的；等等。马克思主义学说中回响着康德的声音。

《实践理性批判》的哲学要义

　　《实践理性批判》出版于1788年，是康德思想的核心部分，是康德的前一部著作《纯粹理性批判》的归宿和目的。所谓"实践理性"，是指实践主体的意志，对于实践理性的"批判"，就是要考察那规定道德行为的"意志"的本质以及它们遵循的原则。全书包括"纯粹实践理性的原理论"和"纯粹实践理性的方法论"两大部分。该书的重要理论意义在于，它把人的主体性问题突出出来，强调了人格的尊严与崇高，表现了强烈的人本主义精神。

　　在伦理学方面，康德否定意志受外因支配的说法，而是认为意志为自己立法，人类辨别是非的能力是与生俱来的，而不是从后天获得。这套自然法则是无上命令，适用于所有情况，是普遍性的道德准则。康德认为真正的道德行为是纯粹基于义务而做的行为，而为实现某一个个人功利目的而做事情就不能被认为是道德的行为。因此康德认为，一个行为是否符合道德规范并不取决于行为的后果，而是采取该行为的动机。康德还认为，只有当我们遵守道德法则时，我们才是自由的，因为我们遵守的是我们自己制定的道德准则，而如果只是因为自己想做而做，则没有自由可言，因为你就成为各种事物的奴隶。

约翰·华特生编选的《康德哲学原著选读》

康德的午餐

> 人的天然使命是什么？高度的文化。
>
> ——康德

在粗略地叙述了康德的"两大批判"之后，该让我们的思想轻松一下了。现在看看康德怎样在自己的生活中实践他那严峻的道德律的。

言远不是一定会导致行。教诫要比遵循教诫容易。在哲学史上说教与行为不一致的例子比比皆是。按照

当代存在主义哲学的看法，苏格拉底是第一个存在哲学家，是第一个把自己的学说和生活统一起来的哲学家。苏格拉底为了使自己的行为和理论信念保持一致，平静地选择和走向死亡。

2000 年来，苏格拉底之死总是在激动着人们的心灵。但远非所有的哲学家都像苏格拉底。曾经要求实行禁欲主义的叔本华，却是一个嗜食美味和贪求享乐之徒。叔本华坚决主张欲望是痛苦之源，可是他仍然十分关注自己的名声，在那信息贫乏的时代，据说他曾雇人去搜集有关自己声望的资料。作为道德家的康德和作为人的康德却是一致的。

据康德传记作家介绍，康德并不是在任何时候和在任何情况下都遵循绝对命令的成规的。他往往很小气，据说到了老年更严重些。有点怪癖，急躁，吝啬，迂腐习气，不能容忍反对意见。生活迫使他妥协，于是他有时就要滑头和要手腕。但就整体说来，他的行

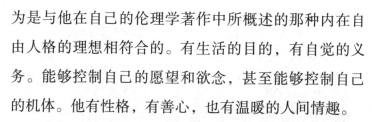

为是与他在自己的伦理学著作中所概述的那种内在自由人格的理想相符合的。有生活的目的，有自觉的义务。能够控制自己的愿望和欲念，甚至能够控制自己的机体。他有性格，有善心，也有温暖的人间情趣。

大自然赋予人以气质，这是中国儒家所说的天命，"天命之为性"；人自己养成性格，这可以说是修道，"修道之为教"。康德认为，企图逐步变好，那是枉费心机的。性格是通过爆发的、道德革命的方式一下子完成的。怎样看待康德这种道德革命的观点？这可能是康德自己道德生活的经验之谈。对于像康德这样十分理性而又有坚韧不拔的毅力的人来说，认清了，就做到了。对于我们这些凡夫俗子来说，道德境界的提升恐怕还得慢慢来吧？康德认为，人们只有在成年才

1856年德国巴伐利亚2古尔盾银币

感到需要在道德上进行革新，康德在40岁的时候就经
历了这种革新。40岁是个重要的年龄，孔子讲四十而
不惑，孟子也认为40岁人才成熟。康德在物质上的独
立地位则是晚些才得到的。

　　1784年，康德购置了一座私人住宅。他的积蓄早
已超过20个金币，这笔钱是逐渐储存起来以备不时之
需的。他拿出了5500古尔盾来购买艺术家贝克尔遗孀
的不动产。住宅座落在城市中心，离国王的城堡不远。
开满鲜花、绿荫如盖的花园毗连着住宅。住宅有两层，
8间房子。楼下是教授给学生们上课的教室和女厨师的
套间。二楼是餐室、卧室、客厅、书房。屋顶室住的
是仆人兰培。康德的书房里有两张堆满纸和书的普通
桌子，在布满灰尘的墙上（这墙是不许打扫的）挂着
一幅卢梭的画像。他的藏书包括小册子在内不超过500

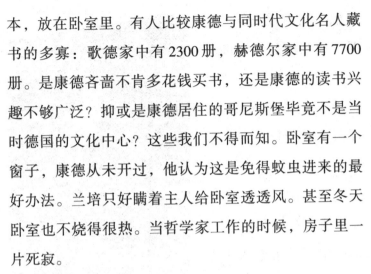

本，放在卧室里。有人比较康德与同时代文化名人藏书的多寡：歌德家中有 2300 册，赫德尔家中有 7700 册。是康德吝啬不肯多花钱买书，还是康德的读书兴趣不够广泛？抑或是康德居住的哥尼斯堡毕竟不是当时德国的文化中心？这些我们不得而知。卧室有一个窗子，康德从未开过，他认为这是免得蚊虫进来的最好办法。兰培只好瞒着主人给卧室透透风。甚至冬天卧室也不烧得很热。当哲学家工作的时候，房子里一片死寂。

　　康德的工作日从早晨 5 点就开始了。兰培于 4 点 40 分到教授的卧室去叫醒他，并且到康德起床了才能离去。康德穿着睡衣戴着睡帽来到书房，在那里喝两杯淡茶，吸一天里唯一的一斗儿烟。哲学家喜欢咖啡，但他尽量不喝，因为他认为咖啡是有害的。

→费希特

　　工作的第一小时是最富有成果而又是最愉快的。假如有课，那么下一个小时就用来备课。通常是 7 点开始上课，那时

康德一周教授9个小时课，他照例是夏天讲逻辑学和自然地理，冬天讲形而上学和人类学。课后，教授重新穿上睡衣坐在书房里。12点45分他第二次更衣。这时应邀来吃午饭的朋友们都已来到。康德的朋友中有商人、牧师、哲学家、作家、医生、神学家各色人等。1点整，

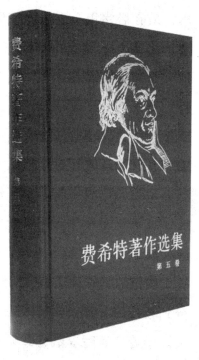

← 费希特著作选集

兰培出现在门口，哲学家的午餐开始了，这是康德每天准许自己进的唯一的一次饮食。

康德从不单独吃午饭。说句笑话，不知这是否也是一个来自纯粹理性的绝对命令。哲学家认为一个人吃饭是不能容许的，这不仅不能恢复精力，反而会消耗精力，因为孤单单地一个人用膳，他头脑就得不到休息，总是继续思来想去。只有同别人一起进餐，才能使精力得到恢复。同朋友们进行毫无拘束的谈话会使人不再想其他的事，并使人得到快乐。要想使在座的人都能参与谈话，就餐者就不可太多，当然也不能

太少，康德家备有6副餐具。

雅赫曼断言："根据著作和讲义来认识康德的人只知道半个康德：这位智者是在交谈中间才完全吐露衷曲的。"在康德家的午餐上另一半的康德是如此光彩照人，以致给来访的青年费希特留下了终生难忘的印象。1790年，未来德国古典哲学的又一位大哲费希特正处在经济拮据的困境中。当他听说有人需要一位讲授康德哲学的家庭教师，他立即应聘，并开始研读康德哲学。费希特的哲学天赋高得离奇，一些有名哲学家花费多日无法读懂康德著作，费希特竟在很短的时间内弄通了两个"批判"，据说他只用了2～4个星期就读懂了《纯粹理性批判》。1791年夏天，费希特来到哥尼斯堡。一当情况许可，他马上就到哲学家那里去了。

期望过大就会失望。迎接费希特的是一位疲惫的老人，他沉浸在沉思中，对客人很冷淡，根本没有注意到他的热忱。康德的讲座也不能使费希特满意，他没能与老师亲近起来。后来费希特被约请吃午饭，这一次费希特完全改变

了自己的印象。他在日记中写道："只是这一次我才在他身上认识了与充满他作品的伟大精神相符合的特征。"正如我们所知道的，在进餐的时候，康德充分地展示了自己，他的谈吐闪耀着智慧和机敏。

康德具有高超的谈话技巧，他赋予这种"谈话的美学"以很大意义。随着年龄的增长。他的认识变得越来越宽广了，因而他能够引人入胜地谈论任何题目。除了天生的机智和善于交际之外，他还具有专门本领：善于抓住听讲者的注意力、认真听取交谈者的话、使交谈者对他感兴趣和理解他的话、哲学和谈话。对话似乎有着难解的缘分。从苏格拉底谈话的辩证法到当

代最有影响的哲学流派哲学解释学，谈话、对话总是含有复杂的哲学意味。这样来看，康德午餐的谈话就不仅具有健康、养生的意义，它肯定也是哲学家全部哲学活动的一部分，是康德哲学在日常生活中的运用和体现。

康德的午饭十分丰盛，有好酒（康德不认为啤酒是好酒），一直持续到四五点钟，要知道哲学家已经24小时没吃东西了，所以必得多吃些时候。午饭后，散步时间来到了。哥尼斯堡人已习惯于看到自己的名士缓慢地沿着同一条路线——"哲学之路"散步。通常是一个人，低着由于高龄和冥思苦想而垂下来的头。他头上的假发现在已不像青年时代那样梳得无可疵议

了，而往往是奔拉向一旁。康德散步时尽量不思考问题，他认为这有碍健康，可是一有了想法，他就在板凳上坐下，把想法记下来，晚上的时间用来阅读轻松的读物，10点，康德进

入了梦乡。

我们曾经说过，康德是自己造就自己的伟人，首先是他用理性和意志的力量造就了自己的健康和长寿，康德是他自己的作品。康德在晚年更是使自己的生活服从于一种极其严格的生活制度，这种生

康德
经典文存

活制度是他在长期自我观察和自我训诫基础上制定出来的。这是一种绝无仅有的卫生试验，它迄今吸引着人们极大的注意。那些同康德哲学无缘的人们，却在研究他的生活方式和他的习惯。但是对于康德来说，也许最重要的卫生手段是工作，而工作是研究哲学。康德认为，研究哲学最好不是作为职业，而是业余爱好，它是战胜各种微恙的极好的精神手段，是一种"情绪兴奋剂"。哲学使人们把外部情况撇在一边，产生一种精神力量，这种精神力量可以弥补随着年龄而出现的身体虚弱。热爱哲学吧，它不仅给人智慧也给人健康——这也可看作是康德给我们的劝告。

美和崇高

> 对自然美抱有直接兴趣，永远是心地善良的标志。
>
> ——康德
>
> 只有当人成为人这个词的全部意义上的人的时候，人才是在游戏；也只有当人在游戏的时候，人才完全是人。
>
> ——席勒

康德认为，自爱永远不能成为普遍的道德规律。对健康和长寿的追求服务于一个更高的目的，这就是履行自己的义务。对康德说，这就是从事哲学的创造。

康德用他特有的批判形式清扫了哲学的地基，独断论的形而上学体系由于其基础的脆弱和康德的批判而塌陷了。仅就近代哲学的认识论转折说，康德就是功不可没的。"没有认识论反省的本体论是独断的、无效的"，这已成为当代哲学的共识。因为我们无论说世界的本质是精神，是物质，或者说是上帝，这些都是人的认识和观念，所以必须反转过来考察人的认识本身，才能确定这些观念的可靠性。康德的《纯粹理性

批判》从根本上摧毁了旧的形而上学，对感性和知性界限的划定，使理性的僭妄被消除了，上帝存在、灵魂不死等形而上学独断被逐出了科学理性的领域。用当代哲学的说法，形而上学命题是无意义的假命题，其所以无意义是无法用经验对这些命题证实或证伪。但是，形而上学命题从自然科学的思维方式看它不具有科学的意义，却可能具有生活的意义。康德正是从道德生活的需要，把上帝存在、灵魂不死等看作是实践理性的公设。我们无法证明上帝存在，但为使道德生活具有永恒的意义，却必须假定上帝存在。人们讽刺康德说，他从前门把上帝赶了出去，又从后门把上帝放了进来。

如何把《纯粹理性批判》和《实践理性批判》这种对立和分裂统一起来？康德是一位辩证法大家，也可说是德国唯心主义辩证法的创始人，黑格尔赞扬他使辩证法摆脱了任意性的假象，18世纪90年代末，康德终于

找到了把两个"批判"联系起来的中间环节，在清理过的地基上一个真善美统一的哲学体系建构起来了。康德说："在自然的感性区域和自由的超感性区域之间有着一道鸿沟，是理论的理性所不能越过，好像它们形成了两个隔开的世界似的。……必须有一条原理，能够把自然的超感性基质，和实践上包含在自由这个概念里面的超感性的东西统一起来"，而"判断力的批判是哲学两个划分之间的联系环节"。

1790年，康德出版了三大批判的最后一部《判断力批判》。"判断力"这个术语我们已经接触到，在《纯粹理性批判》中它是一种把原理、规则运用于具体情况的直觉能力，它是通常所说的机灵、聪明的一个重要方面，在康德看来，缺少判断力甚至是无法补救的愚蠢。在《判断力批判》中，康德思考的是直觉的另一种形式，它叫作反思的判断力，康德把反思的判断力称为目的论的。比如，当我们看到一片树叶的时

候，我们会把这片树叶看作是植物的一部分，我们会思考树叶对有机体起什么作用，我们甚至会觉得这片树叶如此精巧、匀称，蕴含着某种目的和意味。康德认为："自然的形式含有意图的意味这条原理就是判断力的先验原理，它是一切审美活动得以可能的先天条件。"

　　自然的合目的性至今仍是哲学聚讼的问题。有机体特别是人体的高度合理性、合目的性，不仅使人惊奇，而且也曾成为上帝存在的有力证明：头发生来是为了保护脑壳，眉毛是为了挡住额上的汗水，眼睫毛是为了阻挡灰沙，一切器官和组织都有服务于整体的目的，如不是一个有目的的存在者的精心设计，这一切似乎是无法理解的。我们知道，达尔文的生物进化论用自然选择、适者生存、用进废退的理论解释了这种合目的性，从而对上帝存在的目的论证明作出了有力地反驳。远在达尔文之前，康德在《纯粹理性批判》中就已对目的论证明进行

了反驳，上帝是一个超越经验的存在，任何超越现象世界的存在都是无法证明的。康德认为，没有上帝，合目的性也是可能有的。按照康德的看法，自然是人类认识的对象，在自然中一切都是必然的，人无自由。而自然的规律却显示出含有目的意味，从而引起人的审美快感，这种审美的判断力来自有目的的自由主体，从而把自然和自由联系起来，把知性和实践理性联系起来。康德哲学体系的最完成形式如下图所示：

康德的美学主要考察了美和崇高这两个基本美学范畴。美主要是面向知识的。崇高则主要是面向道德

心灵的机能	认识的机能	先天原则	应用于
认识的机能	知 性	规 律 性	自 然
快感与不快感	判 断 力	合目的性	艺 术
欲求的机能	理 性	最后目的	自 由

→康德在演讲

的，这对于解决前两个"批判"的中介已是绰绰有余了。

康德依据判断分类对美作了四个定义：

第一个定义是片面的：令人喜欢而不引起利害的东西就是美的。能够满足我们自然需求的对象如食物等可以引起我们愉

快的感觉，但这是和利害相关的，可以说是有用的，而不是美的。对于善的向往如美德、善行也是与利害相联系的，它导致实践的满意。而对于美的评价是不受感觉利害和理性约束的，审美判断是纯粹静观的，不包含任何功利的考虑。

第二个定义指出了美的主观普遍性："美是离开概念而使一切人满意的东西。"美的这种普遍性从何而来？中国读者多少都知道些美的阶级属性，感觉是因人而异的，劳动者以健壮为美，剥削者以纤巧为美，但毛泽东也引征过"口之于味有同嗜焉"，共同的美感可能是存在的。康德认为，由于美而得到的愉快是由

认识能力的"自由游戏"中派生出来的。尽管在审美
判断中没有可传达的概念知识，但是审美对象刺激想
象力和知性自由活动，从而产生普遍可传达的感情或
心灵状态。康德在美学史上做出了一个光辉的发现：
在他之前人们认为人是借助于感觉而得到美的，要成
为一个美的敏感者和成为具有审美感的人那是再简单
不过的了，似乎长耳朵就能欣赏音乐，长眼睛就能欣
赏美术。康德则揭示出"审美感"本身的复杂性。审
美过程伴随着知性理解力和想象力的作用，美所以是
可以普遍传达的，在于审美活动中想象力和知性活动
的机能与形成一般知识的机能是彼此一致的。审美不
再是一种简单的无功利的愉快，有时则需要时间和智
力上的努力，艺术修养本身也并不是生而有之的，而

往往是受教育得来
的。美的感觉既是
感性的愉悦，也是
不产生知识的知性
活动，它带有某种
中间性质。

　　康德关于美的
第 三 个 定 义 是：
"美是对象的合目的性形式，因为它是在没有目的表象
的情况下而在对象中被感知的。"关于合目的性形式我
们已做了介绍。自然对象所以引起美的愉悦，在于对
象中蕴含着有意图、有目的的形式意味。这种目的性
不是上帝或其他创作者的目的，因而可以说是无目的
的目的性，它使审美主体这些有理性、有目的的存在
者产生和谐、自由的感觉，从而对象成为美的对象。
理解这种"无目的的目的性"至关重要：如果自然的
合目的性被设定为是上帝的目的，这只能产生强烈的
宗教体验，而不是美感；如果审美过程主要是理解艺
术品中体现的艺术家的目的，这也不会产生美感，而
只能产生某些社会学的、艺术理论的知识。从中可以
引申出一个审美的法则：以"无目的的目的性"去鉴
赏自然和艺术的美，是符合审美对象特点的；有目的

地去欣赏则会大煞风景，使美荡然无存。

　　至于美的第四个定义似乎没有什么新的东西："美感的必然性是依据共同感的。"美是普遍的、必然的。这种普遍性、必然性不是通过概念获得的，而只能是通过"共同感"。"共同感"的基础是认识能力的自由活动。审美不是孤芳自赏，而是可传达的，这是一种交际手段和好交际的标志。

　　康德在崇高的分析论中，进一步突出了美的中介作用。在康德看来，美本身就是愉快的对象，而从崇高得到的愉快则要涉及理性的观念，触及人们内在的精神力量和道德力量。

　　在把崇高与美加以对比时，康德指出，美总是与精确的形式联系着，而崇高则在无定形的对象中也可以轻而易举地发现。繁星密布的苍穹，波涛汹涌的大海，这种无可比拟的大，是数学上的崇高；"悬崖峭壁、黑云密集、雷电交作、火山爆发、狂风怒号、海洋澎湃、瀑布飞腾，这些惊心动魄的现象，使人魂飞体外，不敢仰视"，这是力学上的崇高。而一旦我们的心灵和理念能够把握这种力量和博大，我们就会体验到崇高的美感。这是一种人优越于自然的感受：尽管自然广大无边，我们却可以超越感性的界限，用我们的理性能力把无限作为一种统一体，从而自然中的一

切都是渺小的了；自然确有不可抵抗的力量，而在一种审美判断中，我们超越了自然的力量，心灵感觉到它自己的崇高，甚至优越于大自然。

崇高，这就是耸立着的东西；就是对可怕的东西采取不怕的态度；就是克服恐惧并因此而达到的道德上的满足。这样一来，崇高就是一个道德的标准。康德一生平静安宁的生活似乎与激情无缘，但这只是表面现象。写下"三大批判"的作家，头脑中随时涌动着震撼世界的思想风暴，他的精神生活紧张而激越。所以，康德有资格说，没有激情任何伟大的事业都不能完成。后来黑格尔和列宁都曾重复了这句话。

崇高的判断要求有文化教养，而且要求有比美的

判断所要求的更高的文化教养。同时也要求有发达的想象力。在崇高的感受中想象力是与理性打交道，而理性则是行为的立法者，从审美判断到道德判断的过渡已经完成。

康德的哲学体系完成了，生命的黄昏也正在悄然地到来。

相关链接
XIANGGUAN LIANJIE

康德的美学思想

康德的美学思想主要集中在《论优美感与崇高感》和《判断力批判》这两部著作中。前者主要分析优美和崇高的不同特点：优美就是我们通常所说的美，小巧，和谐，让人心生爱怜；崇高则是巨大以至于无形的"壮美"，让人心生畏惧，甚至是恐怖。优美与崇高是康德美学思想的两个基本范畴。在《判断力批判》中，他提出了鉴赏判断的4个特征：（1）愉悦的，但不带任何利害关系；（2）普遍的，但不是概念；（3）有合目的性，但无目的（无目的的合目的性）；（4）主观的，却带有必然性。在《判断力批判》第二部分，康德讨论了目的论判断力，黑格尔对此理解得很透彻："康德开始从这样的原则去看有生命的东西：在有生命的东西里，概念或普遍性包含在特殊性内。作为目的，这普遍性不是自外而是自内决定着个别的和外在的东西，决定着有机体各部分的构造，这就是说，个别的方面自然而然地就适应目的。"因此，黑格尔称康德构成了美学真正的出发点。

生命的黄昏

生活——这就是义务。
工作是使生活得到快乐的最好方法。
——康德

　　康德的一生，是勤恳工作的一生，工作是他快乐的源泉。他对青年人说："一定要热爱自己的工作，一定要拒绝享受，这不是为了完全弃绝享受，而是为了尽可能使我们永远有希望得到享受。"康德认为，你工作得越多，你对生活的享受也越多。要想使自己对自己命运感到满意，唯一方式就是用活动去充实它。康德的劝诫在今天看来也是很有意义的。20世纪流行的弗洛伊德的精神分析学说，被许多青年人误用去分析生活的意义，结果是反倒失去了生活的意义。精神不是实体性的东西，它越收敛，则越空疏，越分析，则越虚无。生活的意义只能存在于生活的过程中，工作是使生活充实、丰富的主要方式，无所事事，必然使生活陷入迷茫之中。康德在75岁的时候写下了这样一段话："大自然使痛苦成为人的活动的刺激因素，这个刺激因素必然去推动人去追求更美好的事物。在生活中达到了（绝对）满意——这本身就是一个征候，它表明一种无所事事的安谧，一切动机都停止了，感觉及与之相关联的活动也迟钝了。但是这样一种状态就像心脏在动物机体中停止了工作一样，是与人的精神生活格格不入的。"康德显然是在激励自己，生命虽已迟暮，精神仍不停息。他只想着一件事，就是完善他的学说。

1790年之后，康德每年都有论著发表，直到1800年，而直到他生命的最后一年，他仍坚持写日记。"三大批判"之后康德的重要著作主要有《永久和评论》《道德形而上学》和《人类学》几种。康德从来也没有

被自我安慰的感情所控制，而只是为他在老年还能保持着清晰的思想、饱满的精神、对生活和对喜爱的事业的兴趣而骄傲。康德的精神远远超过了他的肉体，但是万物皆有终结。康德没有生病，但是力量不济

← 实用人类学

了。他逐渐减少他的课程，冬季学期不是4月结束，
而是2月就结束了。1796年7月23日康德讲完了他最
后一次讲座，在哥尼斯堡大学，康德共讲课268次。
现在讲坛上听不到他的声音了。大学生们想要为这位
光荣的教授庆贺，但是在近期内找不到一个"凑上整
数"的日子。这时人们想起来了，康德的第一部著作
《论对活力的正确评价》的序言标明的日期是1747年4
月。1797年6月，人们决定庆祝哲学家创作活动50周
年。大学生列队来到康德的住处，乐队高声演奏。一
个20岁的青年走进教授的房间，祝贺他的纪念日，向
这位最有智慧的人保证，人们永远不会忘记他教的课
程，在街上人们高呼"万岁"。

　　康德没有力气讲课了，但他还能写作。像从前一样，整个上午他都是在书桌旁度过的，他努力过一种大学的生活。当校务委员会决定把康德从评议委员会成员中除名时，他便提出抗议，并取得成功。

　　这时，他处于荣誉的顶峰。他是柏林科学院、彼德堡科学院、塔斯卡那科学院3个科学院的院士。早已有人写好了他的传记。还是在1792年鲍罗夫斯基牧师就已把《普鲁士哲人伊曼努尔·康德未来传记的草稿》寄给了他。哲学家读完了原稿，对不准确处作了修改，删掉了一些地方，但是不准许在他逝世之前发表。另一个未来传记的作者是雅赫曼。他为了使自己

→道德形而上学原理

的任务变得更容易些，因此向康德提出了一份详细的调查表，一共有56个问题。其中有些问题很不礼貌："33.有没有哪个女人有幸引起过你的爱情和尊敬？34.一般说来，什么样的女人使你感兴趣？"

康德没有对这些问题作答。但有一个叫露易丝·列维卡·弗里茨的女人在老年时一口咬定说哲学家康德曾经爱过她。按传记作家的推算，这应当发生在18世纪60年代。鲍罗夫斯基断定他的老师曾经两次爱过女人和两次想要结婚，但却没有透露对方的姓名。不过，有证据表明，康德与一位名叫玛丽娅·夏洛蒂·雅可比的夫人有过十分亲密的关系。

荣誉是美好的，但树大招风，它也给康德带来许多麻烦。康德被那些写作狂、创立哲学体系者、精神纯洁性的维护者以及一些地地道道的骗子弄得厌烦透顶。有些人想在他那里寻求精神上的支持，另一些人则要求与他进行公开的辩论，还有一种人则想向他勒索钱财。在梅克伦堡出现了一个"康德硕士"，他冒充是哲学家康德的儿子，并且靠着那些盲目崇拜者的钱

财度日。

　　不要以为这位普鲁士的哲学家已成为普鲁士的骄傲，从而他就可以在王室的保护之下安静地做学问了。康德是启蒙运动的产儿，是卢梭的崇拜者。我们知道他对自由和理性的热烈追求，也知道他在《纯粹理性批判》中彻底否定了上帝存在的种种证明。马克思认为康德哲学是法国革命的德国理论。诗人海涅甚至把康德比作杀死法国国王的罗伯斯庇尔，认为康德杀死了上帝。

　　从这些评论中可以领悟到康德哲学的激烈的革命精神。康德并不仅仅在自己的著作中大胆革命，在现实政治生活中也有鲜明的革命态度。1776年，英国的

→道德形而上学基础

美利坚领地宣布自己为独立国家。斗争是在"给人民以自由的"口号下进行的。康德阅读报纸，对华盛顿将军及其战友们表示同情。一次在大街上交谈时，康德谈到他对美国独立战争的态度，一位在场的英国人感到自己受了侮辱，提出要和康德决斗。康德虽然也佩有利剑，但剑法并不高明，他的武器是思想和语言。他终于使对方承认自己的不对，并伸出手来以示和解。这个英国人就是与康德保持终生友谊的格林。

18世纪70年代中期，康德对宗教作出道德上的解释，他认为人们为了表明对上天力量的虔诚而屈膝和跪拜，就如同向神像祈求一样，是违反人类尊严的。在这种情况下，"你所崇拜的就不是你自己理性所想象的理想，而是你自己所制造出来的偶像"。康德不再到教堂去了。他的学说和官方的教义发生了矛盾，与当局的冲突成为不可避免的了。到18世纪90年代初，康德在自己的几篇文章中对专制主义和圣经信条进行了

抨击和讽刺。他谴责专制主义，认为不应该强迫我享受别人所希望的那种幸福，每个人都有权按照他自己认为好的方式寻求自己的幸福。慈父般的统治是最大的专制主义，统治应该是把有权能的公民联合起来的。准备惩治康德的流言传开了，有人说，已经命令康德，要么放弃自己的观点，要么离开大学。有人从遥远的地方寄来了信，愿意请康德走进自己的家庭。康德已经是世界知名的哲学家，普鲁士政府既想惩治康德，又不想使自己陷入愚蠢和被嘲笑的境地，最后终于想出了一个办法，用私人信件的形式申斥和警告康德。这封由沃尔纳大臣代表国王签署的信威胁康德：如果再有违

→康德墓

抗，您必然招致不愉快的处置。康德对此保持沉默。

　　思想的风暴和政治的风雨对康德来说都已渐渐远去，他已进入了宁静的生命的黄昏。1801年11月，康德申请退休，申请是由别人代笔写的，康德只是签了个名。其中写道："我的精力逐日减退，我的肌肉也松弛了。虽然我从来也没得过什么病，而且现在也没有病，但是两年来我一直没有出屋。"

　　康德生命的最后两年仍没有忘记他为之奋斗一生的事业。现在没有旁人的搀扶他已经很难走动了，他的妹妹巴尔巴拉住在他家里，帮助照顾他的生活。康德有时候在桌旁坐一会，用颤抖的手写下一些断断续续的句子："先验哲学是先验地联合在一个体系中的诸理论原则的综合……连续不断地失眠……按照主观的

原则，肚子疼无论如何只能想象为是主观的疼痛。专心研究星空的现象。它们是什么？只是一种现象还是一种现实？"康德的思想很难集中在一个主题上了，但这些断断续续的句子可能更令我们感动。这是哲学家用他残存的最后一点精力向他终生热爱的事业做出的最后的奉献：那激动青年康德心灵的广阔星空仅仅是对人显现的现象吗？如何达到自在之物或现实？这是康德之后许多优秀的头脑继续探索的问题。"先验哲学是先验地联合在一个体系中的诸理论原则的综合"，这是康德先验哲学的精当的总结，也是黑格尔哲学的出发点。一定意义上可以说黑格尔哲学的实质就是把这个诸理论原则综合、联合在一个体系中，但那是一个自身发展的辩证体系。

康德逝世于1804年2月12日11时。

←康德墓

还是在1799年，他已经就自己的安葬问题作了安排。他要求在死后的第三天安葬，要尽可能从俭，希望只有他的亲人和朋友参加，遗体埋葬在普通的墓地上。

康德是幸运的，他生活在一个需要哲学、尊崇哲学的民族和时代。全城的人都来与康德告别。人们连续16天来瞻仰死者遗容。24个大学生抬着灵柩，后边走着驻防军军官团和几千同胞的送殡行列。大学评议委员会在大教堂前迎接送殡的队伍，大教堂前响彻了送终辞的声音。

康德被埋葬在邻近大教堂北侧的教授墓穴中。这是一座古老的附属建筑物，它只过了几年就已经完全倒塌。1809年，它被拆除。在原地建筑起一个回廊，取名为"康德柱廊"。在回廊的尽头是康德的墓，上面安置着康德的半身雕像，刻着两行诗：

在这里，伟大导师将流芳百世，
青年人啊，要想想怎样使自己英名永存！

相关链接
XIANGGUAN LIANJIE

康德墓志铭

康德的墓志铭：上为德文，下为俄译文。

康德的墓志铭出自《实践理性批判》的《结论》：

Zwei Dinge erfüllen das Gemüth mit immer neuer und zunehmender Bewunderung und Ehrfurcht, je oefter und anhaltender sich das Nachdenken damit beschaeftigt: der bestirnte Himmel über mir und das moralische Gesetz in mir.（Kant's gesammelte Schriften, Band V, Berlin, 1913. S.161）

这句话有多种翻译。贾泽林等人翻译的阿尔森·古留加的《康德传》中译作：

"有两种东西，我们对它们的思考越是深沉和持久，它们所唤起的那种越来越大的惊奇和敬畏就会充溢我们的心灵，这就是繁星密布的苍穹和我心中的道德律。"（商务印书馆1981年版，1992年第2次印刷，第141页）

因为是从俄文转译的，这个译文与原文有较大的差别，这不奇怪。下面几种译文都是从德文

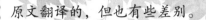

原文翻译的，但也有些差别。

韩水法汉译文：

"有两样东西，我们愈经常愈持久地加以思索，它们就愈使心灵充满日新月异、有加无已的景仰和敬畏：在我之上的星空和居我心中的道德法则。"（商务印书馆1999年版，第177页）

邓晓芒汉译文：

"有两样东西，人们越是经常持久地对之凝神思索，它们就越是使内心充满常新而日增的惊奇和敬畏：我头上的星空和我心中的道德律。"（人民出版社2003年版，第220页）

→墓志铭

康德和我们的时代

> 超过康德，可能有新哲学；掠过康德，只
> 能有坏哲学。
>
> ——郑昕

哲人已逝，哲理犹存。真正的哲学家是不朽的。康德的名字列入了不朽哲学家的行列，康德的著作进入了哲学的经典之林。

哲学家之所以不朽，首先在于我们每个人的内心深处都有隐匿的哲学渴求。康德称人的这种需要为形而上学的本能。我们从何处来，到何处去？我们能知道什么，能做什么，能希望什么，我们是什么？这些康德思考的问题也或隐或显地浮现在我们的心头。哲学家之所以不朽，还在于他们比别人更细致、更理性化地思考和回答了这些问题。他们的回答不一定可靠，哲学问题并没有一个唯一正确的答案，这部分原因是由于康德所说的哲学理念无法获得可靠的经验直观，用后来一些哲学家的说法是无法用经验加以检验。哲学答案的不可靠性也在于我们自己，康德的后继者费希特说："你是什么样的人，你便选择什么样的哲学。"
但这却不是说，任何哲学理论都有同等的价值，哲学
就是一场永无休止的争吵。哲学是真诚地对真理的追
求，哲学家共同体总是能沙里淘金一般把真理的颗粒
保存起来，而那些粗浅的"意见"很快就被人们所遗
忘。真正的哲学家不仅教给人们哲学，更重要的是他
教给人们"哲学地思考"。而我们一旦学会了"哲学地
思考"，他们的哲学就会给我们以震撼心灵的力量。

康德哲学跨越了时代，跨越了国界。它是世界性
的哲学，它给20世纪哲学留下了比任何哲学都更为深
远的影响。我们也可以肯定地说，在未来世纪中，康
德哲学仍会有强大的生命力。其所以如此，是因为康
德哲学所提出的哲学问题、他所使用的哲学方法、他
所示范的哲学家的
生活方式等等，仍
在未来的时代具有
重大的意义。

康德哲学被称
为"批判哲学"，
这当然是因为他的
主要哲学著作是以
批判命名的，但在

今天看来，"批判哲学"却是真正抓住了哲学最根本的东西。就哲学的主要作用说，人们说哲学是爱智慧的学问，黑格尔表示哲学要成为智慧本身。但什么是智慧？从消极的意义说，智慧就是免于受欺骗的能力，这就需要辨别、批判。

在我们这个假冒伪劣充斥的时代，不受欺骗或少受欺骗显然需要有很高的智慧。康德不能帮我们发现伪劣商品，康德传记作者没有记下康德这方面的经验和经历。但康德却教给我们免受一种最大的欺骗，这就是无根据的信念和信仰。买一件假冒伪劣商品是令人恼火的。它不仅使我们遭受了经济损失，也使我们的自信和自尊受到了伤害。而我们一旦被某种宗教信仰或意识形态所欺骗，我们却付出了灵魂的代价，它从根本上侮辱了人的理性尊严。所以，康德的批判是对那些根本的东西、前提的东西进行的批判。当代哲学家海德格尔重复了康德的看法：对那些自明性的东西进行追究和拷问，这是"哲学的事业"。我们在生活中接受了很多不证自明的公理，而这些东西往往是别人强行塞给我们的。它或者由于政治的强力，或者由于宗教的神圣，或者由于道德的崇高，或者由于从来如此，大家如此的习惯，使我们丧失了对它的怀疑和警惕，把这些东西作为我们生活和思考的前提。康德

哲学则告诉我们，这些东西是靠不住的，它必须经受理性的批判和检查。无根据的信念和信仰是盲从，是与人的尊严不相称的。而对这些作为公理和前提的东西进行的批判，显然是对社会和生活的根本的重新再造，哲学批判是在思想领域进行的革命，它的意义难以估量。至此我们可以理解了为什么马克思把康德哲学称为"法国革命的德国理论"了。

恩格斯曾经说，工人阶级是德国古典哲学的继承人。马克思早期著作也可以说是"批判哲学"。《黑格尔法哲学批判》《政治经济学批判》《德意志意识形态批判》等书名表明了康德哲学的影响。马克思还把辩证法的本质理解为批判的、革命的。而他所开创的无产阶级革命事业也可以说是对资本主义社会的"武器的批判"。要善于运用自己的理性批判能力——这是康德哲学给我们的最重要的教益。

康德哲学也被称为"先验哲学"。先天地考察人的认识能力，人的道德实践和审美判断的主体根据，是"三大批判"的主题。这与批判的思路是一致的：后天的经验，无论是认识的原理、道德的原理、美学的原理，都不是不证自明的公理，都是值得怀疑的。只有反思出其中纯粹理性的规定，才能找到使认识可能、道德可能和审美可能的最终根据，人类几千年来追求的真、善、美才有可靠的基础。

德国哲学家胡塞尔遵循康德的思路，创造了"先验现象学"，开创了20世纪最有影响的哲学运动：现象学运动。胡塞尔认为，日常意识和自然科学是一种自然态度的思维，它不去思考我们头脑中的思想怎么能够"切中"外部的事物，它天然相信思维的可靠性，因而不能获得绝对可靠的知识。哲学思维则是一种理论的态度，它要找到全部意识的最终根据，亦即意识的本质。理解胡塞尔的现象学，需要很长时间的哲学训练。但有一点是明确的，自然科学只是人认识世界的一种方式，用自然科学方法解决不了人的精神世界和生活世界的问题。胡塞尔的学生海德格尔则进一步批判盲目崇拜科学的科学主义，认为自然科学的思维

方式是"控制论"的思维方式，它使人忘记了自己的
存在，使生活陷入了无意义的黑暗之中。我们记得，
康德在1762年通过卢梭学会了尊重人，并立志要建立
符合人的需要的科学。对科学做人文主义的理解，是
我们这个时代的强大呼声，康德的先验哲学是对此做
出的第一次认真的努力。这种认识也许只有在今天才
能被更多的人所理解。

　　先验哲学也是主体性哲学、意识能动性的理论。
人类的知识不仅来自于外在于我们的事物，也来自于
我们自己的认识能力，这是康德哲学最伟大的思想。
康德第一个对意识能动性的形式和机制作了系统的研
究，为我们了解认识之谜开拓了全新的视野。康德之
后的德国古典哲学循此
前进，创造了哲学史上
一份最宝贵的财富：关
于意识能动性或思维规
律的原理。马克思、列
宁都曾对唯心主义关于
意识能动性研究的成果
给予高度评价。不知怎
么了，浮躁的20世纪
的人们几乎已经遗忘了

→法国影片《伊曼努尔·康德最后的日子》

这份财富，主体的能动性日益演变成寻欢作乐的恣意妄为。康德的认识论理论只是在心理学、微观认识论、人工智能等关于思维具体机制的研究中，还葆有它的影响。

20世纪的英美哲学是分析哲学的天下，语言分析、逻辑分析成为哲学工作的主要方式。仅从字面上就可看到分析哲学与康德哲学的联系：康德的"三大批判"都有醒目的"分析论"章节，在一定意义上可以说康德是最长于分析的哲学家。从哲学理论的逻辑关系说，经验论的分析哲学也是立足于康德哲学的基础上。康德关于分析判断与综合判断区别的学说，成为著名哲

德意志民主共和国1974年发行的康德逝世250周年20马克纪念银币

学家奎因所说的经验论的第一个教条；经验论的第二个教条即经验证实的还原论，也是与康德以经验直观划分知性和理性的标准极其相似。这后一个教条几乎成为20世纪最响亮的哲学口号"拒斥形而上学"的全部理由。

从我们的立场说，分析哲学只是抓住了康德学说"限制知识"的方面，而没有回答知识之外的哲学问题。但有一点是需要强调的，尽管后来奎因模糊了科学和哲学的界限，但康德关于科学和形而上学（哲学）界限的划分仍有积极的意义。科学不能离开某些哲学的假定，但科学和哲学是两种不同的思维方式，两种

德意志民主共和国1974年发行的康德逝世
250周年20马克纪念银币

不同的文化形式。关于知性和理性、科学和哲学的划分或称分析，是康德给予我们时代哲学的一个重要教导。丰富的自然科学知识和严格的自然科学训练，是研究哲学的很好条件，但却不是充分条件，甚至也不是必要条件，从自然科学思维到哲学思维，必须经历思维方式的跳跃，这是海德格尔所说的至关重要的"一跳"。

哲学的信念或理念不能用自然科学的思维方式去认识，否则就会陷入"二律背反"，这是科学的界限。但用黑格尔的说法还有哲学这种"高级的思维方式"，用它却可以尝试哲学思维。比如说，我们都知道哲学是系统化、理论化的世界观。用自然科学的思考方式就会想我们可以站在世界之外去"观"世界，从而对整个世界形成认识或理论。然而这是不可能的。因为我们无法把自己扔到世界之外去观世界，我们只能在世界之中去认识和体悟世界。认识总是我们的认识，世界观总是我们的世界观，我们所认识到的世界总是

依赖于我们自己的认识能力的。如果这些看法有道理，康德所说我们只能认识现象世界，"自在之物"是不可知的，也就是有道理的。

康德是为哲学耗尽全部生命的哲学家，他至死都在思索我们头顶上的星空怎么会仅仅是现象，而不是现实本身。康德不能接受一个一切都是自然的、必然的世界，因为在那个世界中的人只是自然必然性的玩偶。人是自由的，人本身就是目的，康德用他的道德哲学论证了人的自由。限制知识、逮捕知识或抬高知识，以便给人的自由和理想留下广阔的空间，这是康德哲学的宗旨吗？如果真的是这样，康德哲学无非是对一种不同于自然科学思维方式的新思维的呼求。在当代这样一个高度技术化的社会中，这种新思维的呼求更加强烈，这也许是康德给我们这个时代最重要的遗产。

康德的美学对我们这个时代也多有宝贵的教训。我们知道崇高这个范畴，康德把它看作是我们的心灵征服了大自然的雄浑的

伟力所获得的快感。但康德那富于辩证的头脑总是教我们看到另一面的东西。"对自然美抱有直接兴趣……永远是心地善良的标志。"他认为，仅仅是自然对象存在这个事实本身都使我们感到欣喜，况且自然是如此和谐和精巧。康德警告说："未来的世纪将越来越脱离自然。"这句话在当时是什么意思还不十分清楚。可是在我们的时代，康德把环境看作是和谐的、艺术的整体这种观点，已具有了鲜明的世界观意义。我们已越来越远离自然，我们一方面向往着回归自然，以致旅游成风；另一方面却仍在破坏着自然的和谐。按照康德的逻辑，无目的的、自然的目的性一旦被我们消灭，有目的的理性存在者也将是自掘坟墓。

康德给我们时代的教益远不止上述这些。从存在哲学的立场看，康德一生所示范的生活方式应是最重要的哲学教诲。中国古代哲学家没有人留下堪于康德匹敌的大部头哲学著作，他们大都是把思想与生活融为一体的存在哲学家。禅宗所说不着一字，尽得风流，可能过于玄远。但也有人确实做到了。他的传记就是他的哲学，他用自己的生活写下了一部无字的大书。但即便是传记也要形诸文字，书写仍是不可缺少的，否则难存久远。理解康德，首先

《康德著作全集》(9卷本)，李秋零主编、翻译，中国人民大学出版社出版。

要读康德写的书。加拿大哲学家约翰·华特生编选了《康德哲学原著选读》(中译本，商务印书馆，1987年版)，这位哲学家认为这是学习哲学的最好教材。康德的绝对命令还要求我告诉读者，我们这本小册子参照了苏联哲学家阿尔森·古留加的《康德传》，这本书的中译本是由商务印书馆1981年出版的，有兴趣的读者可以通过上面说的两本书进一步了解康德。

相关链接
XIANGGUAN LIANJIE

康德的"三大批判"

康德的"三大批判"构成了他的伟大哲学体系，它们是：《纯粹理性批判》（1781年）、《实践理性批判》（1788年）和《判断力批判》（1790年）。

《纯粹理性批判》要回答的问题是：我们能知道什么？康德的回答是：我们只能知道自然科学让我们认识到的东西，哲学除了能帮助我们澄清使知识成为可能的必要条件，就没有什么更多的用处了，自从柏拉图以来的形而上学问题其实是无解的。

对于康德来说，要想回答我们能知道什么这个问题，就要首先看看认识者和被认识者之间的关系如何。古典哲学中的真理被看成是语言与事物的一致相应，康德问道：这种一致如何才成为可能？事物是具体的和物化的，而语言是抽象的，这两种东西怎么会一致？实际上人的感知提供的只是物体的某些特性，如质量、体积、形状、数量、重量、运动速度等，没有这些特性，我们就无法对物体展开想象。这是物体的主要特性。物体还有其他从属特性，如颜色、声音、味道和温度感觉等，这些从属特性虽然是物体的一部分，但是人们可以进行不同的想象。例如我们可以把一辆蓝色的桌子想象成绿色的桌子。这种主要特性和从属特性的区别让人进一步问：外部世界真实状况究竟是什么？因为如果我对物体的某些特性可以进行不同的想象，也就是说这些特性似乎只在我的感知中存在，我怎样才能肯定世界只不过是存在于我的头脑当中？因此，语言与事物的一致(真理)似乎只有在人的头脑中才成为可能。

这当然是令人绝望的极端怀疑主义。如果人们不甘于接受这一观点该怎么办？也许一种我们无法认知的外部世界确实存在，那我们又该怎么办？康德以前，哲学家对这一问题的回答就是把这一问题推给上帝：我们的思想与外部世界一致，因为这是上帝愿意这样安排的。但问题是：我们怎么知道上帝让我们看到的事物就是事物的本来面目？

　　康德把这个问题彻底给颠倒了。在此之前，人们让认识向外部事物看齐，而康德说，如果我们颠倒一下，让事物向我们的认识看齐，该会如何？康德把这一思维方法与哥白尼的"日心说"相比较：哥白尼以前，人们认为一切星球围着我们地球转，哥白尼却说，我们地球是在围着其他星球转。

　　康德带来了哲学上的哥白尼式转变。他说，不是事物在影响人，而是人在影响事物。是我们人在构造现实世界，在认识事物的过程中，人比事物本身更重要。康德甚至认为，我们其实根本不可能认识到事物的真性，我们只能认识事物的表象。康德的著名论断就是：人是万物的尺度。他的这一论断与现代量子力学有着共同之处：事物的特性与观察者有关。

　　在《纯粹理性批判》中，康德研究了人类感知的形式，即空间和时间。存在于时间和空间里的物质被人类的理解力加工为经验，而康德把人类理解力的形式称为"(绝对)范畴"，这些人类理

性的形式中包括人们对灵魂、世界和上帝的设想，康德把它们理解为某种制约原则，人们的经验世界就是通过这些原则得以构造。

《纯粹理性批判》研究的是人类如何认识外部世界的问题，而康德1788年发表的《实践理性批判》要回答的问题是伦理学的问题：我们应该怎样做？简单化地说，康德告诉我们说：我们要尽我们的义务。但什么叫"尽义务"？为了回答这一问题，康德提出了著名的"(绝对)范畴律令 (Kategorischer Imperativ)"：

"要这样做，永远使得你的意志的准则能够同时成为普遍制定法律的原则。"康德认为，人在道德上是自主的，人的行为虽然受客观因果的限制，但是人之所以成为人，就在于人有道德上的自由能力，能超越因果，有能力为自己的行为负责。

《判断力批判》要回答的问题是：我们可以抱有什么希望？康德给出的答案是：如果要真正能做到有道德，我就必须假设有上帝的存在，假设生命结束后并不是一切都结束了。《判断力批判》中，康德关心的问题还有人类精神活动的目的、意义和作用方式，包括人的美学鉴赏能力和幻想能力。

　　1795年出版的《论永久和平》应该是康德为人类贡献的最后一部有深远影响的著作，书中提出了世界公民、世界联邦、不干涉内政的主权国家原则等至今仍有现实意义的构想。

康德的"三大批判"